不完全な司書

青木海青子

晶文社

写真　宗石佳子
イラスト　青木海青子
装丁　名久井直子

まえがき

山と川に挟まれた場所で、司書をしています。

その場所、奈良県・東吉野村という山村に位置し、古い家に本を詰め込んで家人と営んでいる人文系私設図書館ルチャ・リブロは、私がそれまで働いていた図書館とは色々な意味で異なった場所です。農家によくある田の字形の座敷を本棚で区切って、書庫、閲覧室と称していますが、そこは私達の書斎、居間でもあります。本棚に並ぶ本は私達の私蔵の本ばかりで、「サービス」ではなく「おすそわけ」として開いている感覚です。

ここで司書席に座っている私も、やっぱりいささか風変わりな司書なのではないかと思います。今はこの場所で伴走者として来館者に向き合うのと同時に、当事者としても向き合うようになったのです。ご来館の方のお話を聞いていると、同時に自分の深いところに潜っていくような錯覚に陥ります。

小さい頃は、寝る前に読んでもらう絵本が楽しみでした。兄2人は確かバージニア・リー・バートン『せいめいのれきし』（岩波書店）や遠い昔の戦を描いた絵本が好きで、私は動物や植物にまつわる絵本が好きでした。一人1冊選んで3冊読んでもらうので、フルタイムで働いた後、家事をして3冊絵本を読み聞かせていた母は大変だったと思います。読み聞かせている方がこっくりこっくり舟を漕ぎ、私達がつついて起こし、また読んでもらうなんてこともしょっちゅうでした（寝かせてあげたらよかったのに）。絵本の棚に手を伸ばしていたのが、だんだんと佐藤さとる『だれも知らない小さな国　コロボックル物語1』（講談社青い鳥文庫）や、ジェフリー・トリーズ『この湖にボート禁止』（福音館文庫）など、絵本よりは厚みのある児童文学を棚から引き出すようになりました。それから、棚に並んでいた大人の本（小泉八雲や岡本綺堂）を開くようになるまで、あまり時はかからなかったように思います。

学生生活の中途で一人暮らしを始める時にも、繰り返し読んできた絵本や、好きな作家の本、そして母が昔職場から貰ってきたという古い木製の本棚（今も館内にあります）を連れていき、クローゼットの中に据えてほくほくしていました。

そんな中、就職活動が始まりました。就活サイトに働き手として有利になりそうな情報を登録し、皆同じリクルートスーツを着て、決まった書式の範囲内で個性を出す、というやり方に馴染めず、自分なりの「働く」を思い描くことが難しく感じていました。その後、ハンガーにかけたリクルートスーツが歩いているように見えるくらい体が薄くなる体重激減、体調不良を経験しながら、何とか仕事先が決まりました。石川県の海に程近い学校法人内で、図書館事務課に配属されました。大学職員としての採用で、入職してみないとどこに配属されるかは分からなかったのですが、採用面接の時に「司書資格は無事に取得できそうですか？」と尋ねられたことに賭けました。医学、看護学の本を収めた図書館でしたので、最初は「〇〇の本ってありますか？」と相談を受けても〇〇の部分がヒアリングできず、メモに書いてもらうようにしたり、終業後、職員教員向けの英会話教室に通ったりしていました（米国国立医学図書館分類法を参照する時や、論文検索、データベース操作等で英語が必要だったため。特に医学英語はなかなか覚えられませんでした）。ここで2

年半程働いた後、結婚のため、神戸の山の上に位置する学校法人に転職し、図書館課に配属されます。

海辺の図書館から、山辺の図書館へ。移ってすぐの頃に、東日本で3・11が起きました。神戸では4年くらい働き、図書館においての本や逐次刊行物の流れに関わる業務を一通り経験させてもらえました。この頃住んでいた文化住宅には大きな本棚を置いた居間に友人達が何かと遊びに来てくれていて、それがルチャ・リブロの原風景になったのではないかと思っています。神戸での充実した日々が過ぎ、その後大阪の学校法人に移ってすぐ、心身に不調をきたし、休職してしまいます。振り返ってみれば、新しい職場でうまく立ち回れなかったことだけでなく、最初の就職活動から長いこと転職活動も続けていたことや、3・11が起きたことで抱いた社会への違和感が膨らみ続けてきたこともあり、限界だったのかもしれません。家人も同じ頃、当時の仕事や都市での生活に行き詰まりを感じていました。こうした経緯があり、たまたま繋がった縁をたどって、私達は東吉野村に居を移し、そこにルチャ・リブロを作りました。無傷の状況脱出とは行かず、3ヶ月半の入院を経てからの引っ越しでした。それから7年ほど、月10日程度の開館を細々と続けて、橋を渡り、林を抜けて足を運んでくれるご来館の方々と、本を真ん中に言葉を交わす日々を送っています。

こういう様子の私の来し方には、いつもそこに、「本」と「生きづらさ」が座しています。生きづらい状況を生き延びるために、本を携えてきたようなところがあるので、自分自身の読んできたものと、読書の周辺を紐解くだけで、「この人、よく生きていたなあ」と何やら放心してしまいます。ルチャ・リブロはそんな私自身の読んできたものをぱっと開いたような場所で、だからこそ、少ししんどい状況にある人がふとこの場所を見つけて遠い道のりをやってきてくれるのではないかと考えています。本書では私の読んできたものと、さらにその読書の周辺を開きます。その軌跡は砂漠を歩いている人が、オアシスを見つけて給水し、生き延びてきた線と点のようで、鳥から見ると地を這う星座のように見えるかもしれません。この星座が、後に来る誰かの道標になり、水の湧く場所を示してくれますように。

LUCHA
LIBRO

人文系私設図書館
Lucha Libro

Lucha
Libro

ふれる
社会学

芥川龍之介集
日本文學全集
新潮社
榎本武揚
安部公房
中央公論社
イエスの生涯
遠藤周作
新潮社
霧の山稜
加藤泰三著

LUCHA
LIBRO

Close

LUCHA
LIBRO

不完全な司書

1　司書席から見える風景

2　クローゼットを開いて

3 ケアする読書

1 司書席から見える風景

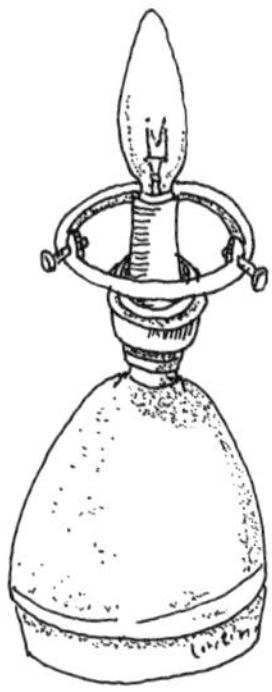

「不完全な司書」という言葉を、私は何となく気に入っています。この言葉は元々ルイス・ボルヘスが「バベルの図書館」の中で「不完全な司書である人間は、偶然もしくは悪意ある造物主の作品なのだろう」と書いたものです。私の言葉への感覚とボルヘスの意図するところはすれ違っているので、もしボルヘスと話せたなら、こってり絞られるかもしれませんが、そもそもが辛辣な言葉ですね。

私は精神障害を抱えながら私設図書館を運営しています。自分自身も課題を抱えたまま、誰かの課題を手伝っている文字通りの「不完全な司書」です。職場での人間関係につまずき働けなくなったことがきっかけで、障害が顕在化しました。「東吉野村で自宅を開放して私設図書館を運営する」という構想は、症状がひどくなり自分を傷つけて入院してしまう以前に描いていたものだったので、入院中には家人からだったか、私からだったか、「私設図書館の話は、一旦白紙にしようか」という話も出ていました。けれど満身創痍の私は何故だか結局、図書館を開くという方向に舵を切りました。

入院していた頃、私が接していたのは医師や看護師等、医療・福祉関係者と、夫、両親だけでした。入院のことを友人には知らせる気持ちになれなかったし、両親も兄や祖母に知らせていないようでした。身体に負った怪我は順調に回復していましたが、右足が90度程度しか曲がらなくなったこと、その当時はずっと車椅子に乗っていたこと、顔の怪我で容貌が変化したこと等があり、どういう顔で知り合いに会ったらいいか分からない、というのがその頃の本音でした。母も私を祖母に会わせることに関して「もう少し、もう少し先……」と躊躇《ためら》っているようでした。言葉にしにくい生きにくさを障害から問う荒井裕樹『車椅子の横に立つ人障害から見つめる「生きにくさ」』(青土社)は以下のように示しています。

いま、あなたの目の前に「一人の障害者」と「その横に立つ人」がいたとする。そうした光景を思い描いてみてほしい。もちろん「障害」や「障害者」といっても様々だから、ここでは仮に「車椅子に乗った障害者」としておこう。

この「車椅子の横に立つ人」は、どういった人物だろう？…多くの人は、この人物を「身内」もしくは「介助者（特に専門の福祉職）」と想像する。…言うまでもなく、人と人の関係は極めて多様だ。だから「車椅子に乗った障害者」と「その横に立つ人」についても、様々な組み合わせが考えられる。…にもかかわらず、片方が「障害者」となるだけで両者の関係をめぐる想像力は偏ってしまう。

（荒井裕樹『車椅子の横に立つ人　障害から見つめる「生きにくさ」』10・11頁）

私が入院当時陥っていたのは、まさにこうした想像力の偏った状態でした。障害者として、身内や介助者（いずれもある程度障害に理解のある健常者）以外の人と関わっていくイメージがうまく描けず、後に入院を知った友人から見舞いの申し出があっても、断ってしまっていました。けれど「私設図書館の話は、一旦白紙にしようか」という話が出てきた時、多分私は「退院して、東吉野に引っ越してからも人と、社会と関わらずに過ごしていくんだろうか」と考えてみたのだと思います。そうすると私の中で、「障害のある私の横に立つ人」として、身内、介助者以外でよく知っている関係性に光が当たりました。図書館の利用者です。「横に立つ人」が図書館の利用者であれば、私は「障害のある人」でもあり「図書館員」でもあれるのです。「図書館員」であるところの私は支えられる存在であると共に、相手を助け支えることもできる存在になります。たとえそれが「不完全な司書」であっても。

そう考えると風が吹いて想像力の枷が外れるような心地がして、再び自宅を開放して私設図書館を運営する、という構想や東吉野村での暮らしに思いを馳せるようになりました。図書館は、八方塞がりの心持ちの時にも想起されるほど、私にとって慣れ親しんだ「人と出会い、関わるための装置」だったようです。そんな訳で今日も「不完全な司書」は神妙な顔をして司書席に座っています。

精神障害を抱えながらの図書館業務が実際どうかというと、薬を飲んで寝るので起きるのが開館時間ギリギリになってしまう、とか、頭の中がごちゃごちゃと忙しいというぐらいで、基本的にやることの枠は決まっているため、大きな負担にはなっていません。何よりお客さんに助けてもらっています。抱えすぎて爆発しそうな時にはすぐ「お掃除手伝って」とSNSで呼びかけます。そんな風に

7年近く続けてきたら、昨年（2022年）の来館者は736人でした。「障害者」の横に立つ人が736人と考えるととんでもないことで、少ない開館日数の中、足を運んで下さる皆様には言い表せない気持ちでいっぱいです。

さて、ここまでは私が「不完全な司書」という言葉から自らに引き寄せて膨らませた考えでしたが、ボルヘスの言う「不完全な司書」の不完全さとはどのようなものだったのでしょうか。今福龍太『ボルヘス『伝奇集』迷宮の夢見る虎』（慶應義塾大学出版会）を開いてみると、「バベルの図書館」を著す以前に、「完全図書館」という先駆的な掌篇を発表していることに行き当たります。図書館の完全性、無限性に対しての司書（人間）の不完全性、有限性という風に読み取れるかもしれません。今福は、「万巻を知ることが、全能ではなく、むしろ知の無意味を明らかにしてしまうという逆説。そんな逆説の図書館のなかに住む者は、あるとき、これらの書物のすべての文字を呪い、それらの前で永遠に目を閉じることを欲しはしないだろうか」と指摘し、80万冊を所蔵する国立図書館館長に就任すると同時に、おのれの目の光を失っていったボルヘス自身と、「バベルの図書館」

の語り手である老司書を重ね合わせます。図書館という果てのない宇宙の前には皆、「不完全な司書」なのです。

本という窓

本は「窓」のようだとつねづね考えています。扉、ではなく窓。ドアノブを回してすぐに別の世界に繰り出せる装置ではないけれど、窓があれば今いる部屋とは違った世界を感じることができます。窓は、外の世界の優しい風や照り返す強い日差し、雨の湿った匂いや、木々花々のあざやかな景色を部屋に届けてくれるのです。そして本というのは、時空を超えて色とりどりの景色や風、光を届けてくれる素晴らしい窓だと思います。

私はこの素晴らしい窓にへばりついているような子どもでした。コミュニケーションが苦手で家や学校に居場所が見出せず、周囲の人との意思疎通にも困難を抱えていました（今もコミュニケーションが上手になったわけではないですが）。そんな時に私に小さな、小さな声で語りかけてくれたのが本でした。私は本という窓に夢中になり、そこから吹き込んでくる風を胸いっぱいに吸い込み、差してくる光にかじかんだ手を温めてもらっていました。この頃好きだった絵本は今でも繰り返し読み返していて、私設図書館ルチャ・リブロの書架にも並べています。ずっと手放さなかったもの、買い直したものなど様々ですが、今浮かんだのは谷川俊太郎『ひとり』（ばるん舎）、佐々木マキ『やっぱりおおかみ』（福音館書店）、モーリス・センダック絵の『ミリー　天使にであった女の子のお話』（ほるぷ出版）の3冊です。『ひとり』という絵本をはじめて読んだ時の衝撃は、よく憶えています。まず三輪滋の線が、色使いが目に飛び込んできて、心を摑まれます。そして作中で語られる主人公の「ぼく」の心持ち。

おかあさんは　みんなと　なかよくしろというけれど、ぼくはぼくだ　みんなと　ちがう。…ひとりでも　ぼくは　ひとりぼっちじゃない。ぼくは　とんぼと　ともだち、かぜと　ともだち、そらと　ともだち、ほしと　ともだち、うらしまたろうも　ぼくの　ともだち。

（谷川俊太郎『ひとり』10 - 27頁）

これらの言葉に触れ、子ども心に「こんなこと、考えてもいいんだ」と救われる思いでした。

『やっぱり　おおかみ』も『ひとり』と重なるところがありますが、こちらの主人公であるおおかみは、もう少し逡巡しているような印象です。街をさまよい、仲間と楽しそうに過ごす他の動物達を見ては「け」と虚勢を張ったり、「もしかして　しかに　なれたら」と想像してみたりしています。おおかみを怖がる動物も少なくありません。墓地にいるおばけ達にすら仲間がいる様子も出てきて、切ない気持ちになってきます。そんな思案の後でおおかみが辿り着いた心境は、広い窓から見える景色のようにのびのびとしたものでした。

『ミリー　天使にであった女の子のお話』は、幸せに暮らしていた母子に試練が訪れる物語です。二人の家に戦火が迫ってきて、母は愛娘のミリーを森へ逃します。そこでミリーは自分にそっくりな女の子と出会い、不思議な時間を過ごすことになります。この物語から私は、人はそれぞれに自らの時間、自らの命運を生きるのだということを感じ取りました（もちろん当時はそんな風に言語化できませんでしたが）。それはある面では厳しい真実ですが、同時に「人より遅くて不格好でも、自分に流れる時間を生きるしかない」と自らを受け入れるきっかけともなりました。

そんな子どもが大きくなり、大学図書館勤務を経て、何を思ったか家人とともに奈良の谷あいにある村に引っ越し、自宅の一部を開放して私設図書館を作りました。それまでの暮らしが家人と私に合っておらず、自分の中に流れる時間を無視しないとやっていけないという状態に息が詰まってのことでした。そんな経緯を明かしているせいか、ここには遠くから近くから、窓を求める人が足を運んでくれるようになりました。さほど広いわけでもない質素な古い家を「図書館だ」と言い張って運営しているこの私設図書館では、人と人との距離が近く、ご来館の方からも本を貸していただいたり、来館者どうしでも本の話に花が咲いたりします。

直接のお話以外にも、対話が生まれる場面もあります。当館の蔵書は家人や常連さんが付箋を貼ったまま貸出を行っています。そうすると借りていった人が返却の際、「ここ付箋貼ってなかったけど、面白かったよ」と教えてくださることも。そんな光景を見ていると、窓からの景色を一人でじっと眺めていた頃からいつのまにか、大きな窓に手招きして皆で「ほら、あそこ見て」なんて言い合うようになったんだと、はっとすることがあります。

図書館の書架は素晴らしい窓がたくさん付いている壁のようであり、図書館員は誰かを窓辺に招いて、窓を開き「あそこに綺麗な花が咲いているよ」とか「ここに立つと風が気持ちいいよ」と声を掛けることができるんだと、山奥で図書館をしながら気が付きました。一人でじっくり堪能していたお気に入りの窓の景色も、今ではその景色を見せたい人の顔が、向こうにぽこぽこと浮かんでくるようになりました。私が開けきらない窓を、代わりにお客さんが開けておいてくれたり、桟を掃除しておいてくれたなんてこともざらにあります。

一人きりで本という窓にかじりついていた頃、窓が運んでくれるものに触れることは私にとって「今ここ」をやり過ごすためのごく個人的な手段でした。ですが自分達の問題意識を開いて訪れる人と共有し、窓辺に立って一緒に眺めるようになった今、それは違った意味を持ち始めたように思います。共に窓辺に立つ、つまり共に読むという行為は、一緒になって考え、社会を構築していく呼び水にさえなり得るのではないでしょうか。誰かが「今ここ」をやり過ごしたいと思った時、息が深く吸えるような窓辺に誘う。深呼吸したら、今度は遠くを見ながら一緒に考え、話す。そのこと一つひとつが少しずつ、少しずつでも社会に働きかけていく。そんな図書館の可能性に、谷あいの小さな場所で思いを巡らせながら、今日も窓に手を伸ばします。窓に誰かを誘う人にも、心地よい風や暖かい光が届きますように。

古い家で、いとなむこと

築約70年の古い家で、自宅の一部を開放して私設図書館を営むようになり、7年ほどが経ちました。山と川の間に何とか土地を拓いて建った家で図書館を営む中で、大学図書館勤務時代には発想もしなかった困りごとに次々見舞われ、翻弄されています。

古民家の天井からは、板と板の隙間から時折、煤や埃が落ちてきます。この煤や埃、なかなかの曲者で、本の天に降り積もります。払おうと直接手で触れると本に黒く染みついてしまいます。そういう訳で小さい扇風機を買って吹き飛ばそうとしたり、ミニ黒板消しを使ってみたり。ただそれぞれに上手く飛んで行かなかったり、付箋を折り曲げてしまったりと不具合があり、結局、筆に落ち着きました。書道なんかで使うような筆、しかもぼさぼさの筆。ぼさぼさでない場合には、手でほぐしてぼさぼさにします。こうすることで上手く付箋を避けつつ、しつこい汚れを払うことが出来るのです。閉館時間、開館中の空き時間等にも行いますが、「誰か手伝って」と呼びかけて皆で筆を持つこともあります。

本の日常のお手入れはこんなところですが、破損がひどい場合には、ご近所の製本家の方にお願いして修復していただきます。古本で、例えば岡本綺堂の戯曲集の一つ『龍女集』（春陽堂）。こちらは装丁をとても気に入っていたので、なるべく元の状態を大切に復元していただきました。元の紙に近い布地を背に使ってくださっています。またある時、文庫本の三谷一馬『江戸職人図聚』（中公文庫）が破損してしまいました。こちらは文庫本だったので復元は少し難しいし、内容が残れば良いと判断し、思い切って全く違う綴じにしてもらいました。当館にお越しの際には、どちらも手に取ってみていただきたいです。

当館の日当たりが悪いことは本にとって僥倖だったのですが、山や川からの湿気は本にとっては大敵です。6月頃からはサーキュレーターで空気を回したり、換気や曝書（曝書：古くは本を陽にさらすこと）を心掛けています。幸い建具を開け放てばかなり風が通るので、湿気を追い出すのには役立っています。この時期は夜になると湿気に比例して虫も多く、生きとし生けるもの達の生命力に当てられて、頭の芯がクラクラする思いです。そんな思いを受けてか、本のページもどこかふにゃふにゃしています。そうそう、換気を心掛けなければならない理由として、当館書庫、閲覧室にはクーラーが無いということがあります。引っ越してきた当初は「涼しい、クーラーは必要ない」という感覚だったのですが、猛暑日も多くなり、いよいよ文明化を視野に入れています。この時期のお客さんも、もちろんクーラー無しの湿気を一緒に感じて過ごします。

虫の話がチラッと出たので正直に書きますと、開館している日中でも閲覧室に虫が出ることはよくあります。季節にもよりますが。バッタやカマドウマ辺りなら可愛いものなのですが、ムカデは困ります。過去に二度ほど、お客さんがムカデを見つけてくださり、速やかに退治したという出来事がありました。確か一度はお客さんに協力してもらって退治したような。子ども時代に登山に行くことが多く、「虫が怖い」という感覚は元々あまりありませんでしたが、ここまで虫とともにある図書館を営むことになるとは思いませんでした。虫の名前をお客さんに尋ねられることも多いです。いっそ図鑑を見ながら、館内を巡っても楽しめるかもしれません。

そうそう、本を保存、配架するにはやはり書架が大切です。当館の書架は地元の大工さんが近所で伐り出した木を使って作ってくれたものです。最初書架をお願いしようとしたら「ホームセンターで買ってきたらええ」と振られそうになったのですが、「ちゃんと場所に合ったものが欲しくて、後、数もたくさん必要なんです！」と力説したらうなずいてくださいました。そして「こんだけ作るなら、木を伐ってもろた方が安い」ということで、伐ってもらった木を乾燥にかけ、木材にしてもらうのを待ちました。その後今のガッシリした書架を組んでいただいたのでした。棚板をかなり長く渡しているところでも、木の性質をしっかり勘定に入れてくださっているせいか、反りが出ません。林業の地ならではの書架なのではないかと思います。この棚が出来たことで「もうこの家は立派な図書館なのではないか」と思い始め、そこからひと月ほどで開館してしまった慌て者とは、私のことです。

古民家での本の保存や図書館運営には苦労がつきものではありますが、やはり本や家の維持にとって一番良いのは利用してもらうことだと思います。私達があの家を自分達だけの家として、本を抱え込んでいたなら、本の劣化はもっと早く、閲覧室や書架も傷んでしまっていたかもしれません。あなたが入ってきてくれるだけで一筋の風が吹き込み、そのページをめくる手が本を生かす。そうしたことでも、あなたは私達の図書館運営をお手伝いくださっているのです。

蔵書を開くことは、問題意識を開くこと

何故、私設図書館を開くのか、人それぞれ、100人いればそこには100通りの理由があるのではないかと思います。もしそう問われたら、私はこんな風にも答えられると思います。

「自分達だけでは抱えきれない問題があったから」

一見、それが私設図書館となんの関係があるのかと問いたくなるような答えですが、本当にその通りだったのです。私達にとって自分達の蔵書というのは、自分達が何で悩んだり、何を問題だと考えてきたりしたかをそのまま閉じ込めた思考のあとさきのようなものです。その蔵書を開くということは、自分達の問題意識をそのまま外に開くということと同義です。つまり私達にとって私設図書館を構え蔵書を一般に開いたことは、抱えきれない問題意識を開き、「一緒に考えてくれないか」と誰かを呼び込んだということだったのです。

「問題」の方に話を戻すと、当時私は仕事の面で思ったように立ち回れなくなり、大きな挫折を経験しているところでした。そして、今から考えると私達がこの頃抱えていた息苦しさ、空回る感じ、空虚感は、社会の動きと決して無関係ではなかったと思います。私は労働力としてうまく機能しなくなった自分に存在価値を見出せなくなってしまったのですが、そうした「労働力としての商品」＝自分という思考に陥りやすい社会の立て付けにすっぽりはまり込んでいたというところがありました。ですがこの頃の私は、自己責任論的な考え方を強く内面化しており、自死を試みて、3ヶ月半の入院を要する怪我をしました。これこそが「自分達だけでは抱えきれない問題」だったのですが、悩んでいた当時は家族や自分の中でばかり考えては行き詰まり、結果的に視野狭窄を深めて行きました。

こうした経緯があったからか、静養が必要では……という話に進みかけた時に、私は「いや、誰も来なくても図書館を開く」と言いました。この時は私設図書館か、「蔵書を開くことで問題意識を開き、そこに他者を呼び込んで一緒に考えてもらう」装置だという発想はなかったのですが、何故か直感で、本棚を並べ、訪れるとも知れぬ来館者を待つ司書としての自分自身を思い浮かべていたのでした。

問題を内に閉じてしまうことの怖さを痛感し、「開いて一緒に考える」ということを無意識に欲していたのかもしれません。

そもそも私設図書館といっても様々な蔵書構築の方法や考え方がありますから、当館のように元々私蔵していた本をそのまま「どうぞ」と開き、しかも閉架がほとんど無いというのは珍しいケースなのかもしれません。自分達の蔵書をほとんど全て公開しているというのは、本が好きな人にとっては自分の頭の中を「どうぞ」と開いていることと大差ありません。ルチャ・リブロにはそんな私蔵本が並んでいるのです。私蔵本の特徴として、先に述べたように当館の蔵書には付箋がたくさん貼ってあります。家人が貼ったものもあれば、常連さんが貼ってくださったものもありますが、この付箋が「問題意識を開き、一緒に考える」ことを助ける装置になってくれているのです。図書館開館当初は、「付箋を貼ったまま貸出を行うなんて……お客さんも読みにくいよね」と申し訳なく思っていました。しかしながら家人の習慣で外しきれないほどの付箋が蔵書に貼ってあったし、「無理はせず、サービスではなくおすそわけとして図書館をやる」という方針もあり、付箋はそのままに運営することに決めたのでした。ですが、付箋を貼った本を借りていったお客さんが、「ここの文章、なんで付箋が貼ってあったんだろう？」と尋ねてくださったり、マイ付箋を貼る常連さんが現れたりと、「ともに読み、ともに考える」コミュニケーションを生み出し始めたのです。当初は驚きましたが、今では先にどなたかが付箋を貼った本を読むのがとても楽しみになりました。

「自分達だけでは抱えきれない問題があったから」開いた切実な私設図書館ですが、今ではそこからもっと遠くにやってきた気がします。「問題意識を開いて、共に読み共に考える」ことが、知らず知らずのうちにお互いをケアさせ、強くして、遠くまでやってくるための気力をつけてくれたように思います。問題意識をそのまま開いているせいか、お客さんの方も自分の問題をオープンに話してくれることがあります。自分達が感じていた息苦しさに似たものを社会に対して抱いている方も多く、お互い開くことで近づいたような感覚を覚えます。また、そのお話が本をおすすめするきっかけになったりと、「開いて一緒に考える」ことの楽しさ、心丈夫さ、豊かさを日々感じています。また、「自分達だけでは抱えきれない問題があった」時、私の傍らにたまたま図書館があったことに感謝したいです。図書館ほど「開いて一緒に考える」ことに向いている場所はないと思うからです。本棚を並べ、訪れるとも知れぬ来館者を待つ司書としての自分自身を思い浮かべていた頃の自分に、「いやいや、その先、もっと遠くに行くことになるんだよ」と耳打ちしてあげたいです。

ルチャ・リブロの一日

たまに「(ルチャ・リブロは)何時に起きて何をやっているんですか?」というような質問を受けます。確かに発信している内容等も抽象的な話題が多いので、当館の実際というのは外からとても見えづらいんだろうな、と感じました。そんな訳で、あるルチャ・リブロの一日を追いかけてみようかと思います。

朝7~8時頃に家人が起き出して、犬のおくら主任のご飯に散歩、猫のかぼす館長にご飯をあげてくれます。私は夢の中から家人に「いってらっしゃい」を言っています。開館する日は大体9時頃にようやく起き出して、館内を掃除します。床や畳にコロコロをかけたり、机やこたつの上を拭いたりしている内に、あっという間に開館時間です。カーテンレールを根こそぎ外してしまっているので、上枠にフックにかけているだけのカーテンを窓から引き剝がし、冬にはこたつ布団等を整えて館内の電気をつけます。看板を林の中の木に立て掛けて、門を開けると開館完了です。

11時の開館と同時にご来館されるお客さんもおられますが、午前中はどなたもいらっしゃらないことも少なくありません。そんな時は本の天の部分を筆で掃除したり、橋の辺りの落ち葉を掃除したりして過ごします。草花観察をして、活けるのに少し分けてもらったりもします。ちなみに、開館日は私は朝食、昼食を食べません。お腹がいっぱいになりすぎると眠くなるので、ミルクコーヒーなどを飲んで過ごしています。

14〜15時はお客さんがよく入ってこられる時間帯です。前のお客さんが帰られて机を拭いていると、林の方から歩いてくる別のお客さんが見える、というような調子です。席の空き具合も色々なので、寒い時期は特にどの席に当たってもお客さんが寒い思いをしないように気が気ではありません。けれど席に関しては結局、お客さん同士で譲り合ってくださったり、一緒に使ってくださったり、上手にやりくりしてくださって、私の心配をよそに大抵解決します。

お客さんとあーでもない、こうでもないと語り合うのは、大抵この位の時間帯です。話が深まってくると、司書席の横に椅子を置いて、お茶を並べながら喋ります。すっきり解決するような話は大体無いし、主題が何かということ自体、よく分からないことも多いです。それでも何だか楽しくて、お話ししていると一瞬で時間が過ぎていきます。

書架越しに、お客さん同士がお話しする気配をひっそり感じている時もあります。お客さんがいらしている時は、かぼす館長も張り切って閲覧室に出てきては、お客さんにご挨拶したり、ちびっこと遊んだりしています。こんな時の館長のことを、頼もしい同僚のように感じています。

16時頃になると既に日が翳り始め、お客さんも少なくなってきます。ただ帰りのバスを17時台に設定される方もいらっしゃるので、そういう方には17時の閉館後もしばし滞在し、ゆっくり出発していただくようにしています。閉館する時は開館と反対で、外のライトや中の電気を消し、林の中の看板を回収して、門を閉めます。朝は朝の光や風を館内に迎え入れ、暗くなると館内から夜の闇を閉め出している、というような作業にも思えます。実際谷間の村の夜は暗いですから、館から閉め出しても、そこかしこから染み入ってくるような有様ですが。

20時頃までには家人が帰ってくるので、それまでにかぼす館長にご飯をあげたり、おくら主任のご飯とお散歩を手配したりします。けれどその前に、閉館したら閲覧室でごろ寝して、しばしの休息を楽しむことが多いです。図書館の仕事をして疲れた、ということももちろんありますが、この場が図書館から家になったことの確認作業でもあるように思います。そうこうする内、家人がお腹を空かせて帰ってきたら、すぐご飯にします。食べる場所は色々で、閲覧室で食べたり、冬には暖まった寝室で食べたりもします。食後の時間、書き物などをして過ごすのも、寝室か司書席です。冬の一室集中化は目を見張るものがあり、寝室に二つの石油ストーブを置いて、人、犬、猫、植木もそこに集って時間を過ごします。それが一番効率的で暖かいのです。

23時頃になると、星を見ながらのおくら主任の夜のお散歩や、タイル張りの風呂場で震えながらの入浴を慌ただしくこなし、24時か1時までには布団に入ります。今は毛布1枚に布団3枚ほどをかけて就寝していますし、動物達もペットヒーター等で暖を取って眠っています。ルチャ・リブロのとある一日も、今夜はこれでおしまい。

いつだったか、当館からすぐそこの史跡を掃除していた時のことです。その日はうちから箒を持っていって、史跡のある広場に降り注いだ杉葉を掃いていました。掃除をする内、橋の向こうに車が停まり、若い人達のグループが史跡見学にやって来ました。この史跡は、幕末の志士・天誅組の総裁で、土佐藩脱藩第一号の吉村虎太郎が、討幕に挙兵するも後ろ盾を失い、追討軍によって討ち取られ一時埋葬されていた場所です。東吉野にはそこここに天誅組にまつわる史跡や墓所があり、歴史好きの人や幕末好き、高知に縁のある人等が時々史跡を訪れます。このグループも、恐らく歴史探訪が目的の方々だったのでしょう。グループの中の一人から声を掛けられたので「そこの家の者で……」と話すと、「近所の人がボランティアで史跡の掃除をしているんですか?」とびっくりしておられました。「ボランティア」という言葉の響きと自分のしていることとの乖離に、一瞬ポカンとしてしまいましたが、その時はどこがどう乖離しているのか自分でも分からず、曖昧に「はい」と答えて会話が終わったように思います。

この乖離の根底には、「公」に対する意識の違いがあるような気がします。「ボランティアですか？」と聞かれた時はびっくりしたけれど、以前街に住んでいた頃は私もこれに近い意識だったと思うのです。以前は例えば公園のような公的な場の運営主体や運営方針というと、周辺に住む者同士で自治的に話し合って決めるのではなく、行政のどこかの課のように自分が居合わせないような場所で決まり、それが自分達に降りてくるという感覚でした。例えば「ボール遊び禁止」「犬の散歩禁止」といった看板がいつのまにか立っていてそれに従ったり、遊具が壊れたら「はやく直してくれないかな」と思ったり、エンドユーザーとして場に接していたんだと思います。他に公との関わり方を発想できず、降りてくるものの中で自分が享受できるものを最大化することに意識が向いていました。もしかしたら近所の住民が史跡を掃除していることに驚いた人は、エンドユーザーのはずの誰かが管理運営の側にも関与していることに新鮮さを感じたのかもしれません。「ボランティア」という言葉自体の響きと自分のしていることとの乖離という感覚が何故生じたのかについても考えてみます。厚生労働省社会・援護局地域福祉課は、「ボランティアについて明確な定義を行うことは難しいが、一般的には『自発的な意志に基づき他人や社会に貢献する行為』を指してボランティア活動と言われており、活動の性格として、『自主性（主体性）』、『社会性（連帯性）』、『無償性（無給性）』等があげられる」としています。これを読み上げてみると、「果たして、『他人や社会』（公）と自己（私）はパキッと綺麗に分けられるものなのだろうか？」という疑問が湧いてきました。都市に暮らしていた頃は確かに、借りている部屋や敷地の一歩内側が私、一歩外側が公という感覚で、公私の境ははっきりしていたように思います。そういえばコロナ禍に突入して小中高校が休校になっていた頃、子ども達を連れて公園へ行っても何となく非難の眼差しを感じるし、家で過ごしていても「子どもの声が外に響いています」と投書があった、という親御さんの声を聞いたことがありました。コロナ禍という特殊な変化のせいもあるとは思いますが、潜在的な公私への意識が強化されてしまった状況のようにも思えます。そこには公の場所に私が出てくることを一切許さないような、公と私の間に大きな隔たりがあるような感覚が見え隠れします。ですが村で暮らしてみると、その境にきっちり線を引くことができなくなりました。家にしても縁側や玄関先、土間まではガラガラ戸を開けて他人が入ってくるのが常だし、広間を開け放てば会合の場や冠婚葬祭を執り行う公の場になったりもします。史跡や広場、神社などの公的な場所を掃除するなどして維持管理しているのも大抵近所の人で、公私がその時々で伸び縮みするようなところがあり、エンドユーザーとして場と関わることが少ないように思います。こうしたことが「自発的な意志に基づき他人や社会に貢献する行為」なのかというと少し違うような気がしてきます。

こうした村での暮らしを反映してか、気がついてみればルチャ・リブロも公と私が交差する場所になっていました。といっても開館日は月10日程度なので、村民の方が場を共有する感覚と、街での公私の感覚の中間ぐらいかもしれませんが。普段は私的空間として使っている自宅の3分の2を開放して、居間や書架を訪れる人と共有しています。ここを行き交う方々は、単なる利用者というより公を共に作ってくれる人という感じです。ある人は当館の看板や本棚を作ってきて、ルチャ・リブロの空間づくりを手伝ってくれています。またある人は借りた本の感想を様々な視点から話してくれ、私達の蔵書への理解を深めてくれました。「このシリーズ1巻しか置いてなかったから、自分で買って読んだ。面白かったから寄贈する」と言って続巻を持ってきてくれた方もいました。公と私が寄せては返すような場所で、エンドユーザーとしてではなく、手の届くところにある公を共に作っていく。そんな経験が積み重なることによって公に対する無力感が砕かれ、社会を一緒に形作る一歩になればなんてことを、山のふもとの図書館で思い描いています。

窓を眼差した人

何度もこの話題に触れるようですが、私にとって、本は様々な景色を見せ、風を運んでくれる「窓」です。ドアノブを回せば別の場所に繋がる扉ではありませんが、今いる部屋とは違う世界の存在を確実に感じられるのが窓の効用といえるかもしれません。本を窓に例えたのは、内と外を自由に行き来できなかった私自身ですが、「こことは違う景色を映し出す窓」というイメージは、杉浦日向子さんによる漫画『ＹＡＳＵＪＩ東京』（ちくま文庫）から来ています。

『ＹＡＳＵＪＩ東京』は、どこか杉浦日向子さん自身の面影も備えた一人の女性が、明治の江戸・東京とビル立ち並ぶ昭和の東京を行き来しながら、明治を生きた風景画家・井上安治の足跡を辿っていくという物語です。物語は安治の師である画家・小林清親と井上安治の関係性やそれぞれの作風を軸に進んでいきます。清親の描く絵は、温かくドラマチックにそこに息づく人々の営みを切り取るのが特徴で、変わりゆく東京の風景に対しても万感の思い、甘やかな切なさを感じさせます。清親の芯の温かい目線がにじみ出たような作風です。これに対して弟子である安治の描く東京は、画者が透明であるかのような、ある種のあっけなさをまとっていて、画者の気配が立ちのぼるような作風とは一線を画しています。こうした安治の風景画のことを、主人公の女性は「安治の網膜に映った風景。たしかにこれは絵ではない。まして写真でもない。百年の時を貫き東京が見える。―窓だ」と評しています。

井上安治は、14歳で「最後の浮世絵師」とも称される小林清親に入門し、明治13年に「浅草橋夕景」や「新吉原夜桜之景」を発表。そこから25歳で短い生涯を終えるまでの画業が、彼の作品として現在まで伝えられています。20歳の頃、画号を安治から「探景」に改めて、作風にも転機が訪れました。安治としての画業が評価される一方、探景への改号後は一変して凡庸であったと評されます。『YASUJI東京』の主人公の女性は、「〈無我〉の時代に画作を残したことが安治を特別な存在にした。…安治の残した〈透明な窓〉から東京の向う側が見えて来る」と呟きます。

「絵でも写真でもなく、向こう側を映し出す窓」がぽっかり浮かんでいる描写。私が『ＹＡＳＵＪＩ東京』に出会ったのは中高校生ぐらいの頃でしたが、この描写に心を射抜かれたものでした。今いる場所とは違う世界の存在を確実に感じられる装置を当時の私は強く求めていました。現代の東京、『ＹＡＳＵＪＩ東京』の主人公が過ごす時空にぽっかり開いた「窓」のイメージが、それとぴったり合致したということだったのかもしれません。向こう側の景色や風、気配を渇望していた私にとって、『ＹＡＳＵＪＩ東京』で描かれる安治の窓の精緻さ、鮮明さ、透明さはその切実さをすとんと受け入れるようで、いつしかこの物語に共振し、夢中になっていました。

また、窓というとその向こうに広がる景色にまず目が行きますが、『ＹＡＳＵＪＩ東京』ではその景色を眼差した画者の姿を追いかけます。明治15年から5年に亘って描いた「東京名所絵」の中に「愛宕山」の図がありますが、そこに描かれた遠景を見下ろす赤裏マントの男が安治自身ではないかと思いを巡らせます。画者が透明で摑めないからこそ、その影に、マントに手を伸ばしてみたくなったのかもしれません。

窓が運んでくれる景色や光、風に夢中になっていた私にとって、この視点ははっと目を開かせるものでした。窓を最初に眼差した人が目にはさやかに見えなくとも確かに存在していて、時を超えてともに窓辺に立っているのかもしれない、と思うようになりました。それまでは一人きりで窓に齧りついているように思っていたので、これは本当に大きな変化でした。安治のように最初にこの窓を開いて景色を見た人、その次の人、そのまた次の人……と、窓辺には無数の眼差しがぽつねんと浮かんでいます。たとえその人が世を去っていても、眼差しはそこに残っているのです。一人で立っていると思い込んでいた隣には同じ景色を眼差す影がうっすら浮かび、目を凝らすとこちらに微笑みかけてすらいるかもしれません。

現在では私設図書館を営んで書架を訪れる方々と共有し、生ある人とも窓からの景色を一緒に楽しめるようになりました。実際に言葉を交わしたり、頷き合ったりすることもできるようになりました。けれど同じ窓辺に、ひっそりと立っている窓を眼差してきた人達のことも忘れてはいません。本という窓の前に立つ時、目を凝らせばそこかしこにその気配を感じることができます。図書館の書架では、死者と生者が一緒になって、窓から同じ景色を見つめているのです。

時間がかかること、時間をかけること

広島市教育委員会が、市立小学校3年生向けの平和学習教材に掲載してきた漫画『はだしのゲン』を「被爆の実相に迫りにくい」として教材「ひろしま平和ノート」から削除し、2023年度から被爆者体験談に差し替えることを決定しました。同教材では、ゲンが生活のために浪曲を歌って米や日銭を稼いだり、食料が手に入らず、栄養失調の母に食べさせるため池のコイを盗んだりする場面が引用されています。どちらも戦争の悲惨さの中、必死に生きようとするゲンや人々の姿が表現されたシーンです。こうしたシーンに対して、2013年度のプログラム開始の後、広島市教育委員会が設置した学校長、大学教員による教材改訂会議の中で、「浪曲を歌って賃金を貰うという箇所は現代の児童の生活実態に合わない」「ゲンがコイを盗むシーンは、誤解を与える恐れがある」などの指摘が出たのだそうです。広島市教育委員会の高田尚志指導第1課長は「ゲンは市民に広く

読まれており、市にとって大切な作品という認識は変わらない」と説明するも、「漫画の一部を切り取ったものでは、主人公が置かれた状況などを補助的に説明する必要が生じ、時間内に学ばせたい内容が伝わらないという声があった」としました。この問題について様々な視点から意見が交わされましたが、私は特に「主人公が置かれた状況などを補助的に説明する必要が生じ、時間内に学ばせたい内容が伝わらない」というのが『はだしのゲン』削除の正当（だと教育委員会が考える）な理由として挙がったことに、直感的に一種の危うさを感じたのでした。ではそれはどういう危うさなのでしょうか。本をパラパラとめくりながら考えてみます。

フィリパ・ピアスによる児童文学『トムは真夜中の庭で』（岩波少年文庫）という作品があります。弟のピーターと過ごす夏休みを楽しみにしていたトムは、ピーターが麻疹《はしか》にかかってしまったことで、隔離のためアランおじさんのアパートに滞在することになります。狭いアパート、気の合わないおじさんにおばさん、食べ過ぎによる不眠、どこにも出掛けられない隔離生活に退屈を持て余すトムでしたが、ある夜、アパートのホールにある古い大時計が13時を打ち、一番奥の扉を開けると……という風に始まる物語です。先日定期的に開催している読書会「生きるためのファンタジーの会」でこの本を読み合った時、「序盤、主要人物がなかなか登場せず、物語が動き出さないのがもどかしかった。以前読むのを挫折してしまったのは、序盤の展開のゆっくりさを待てなかったのかもしれない」という感想が出てきました。この感想を聞いて、この物語について改めて見直すことができたような気がしました。『トムは真夜中の庭で』のストーリーには、「時間」という大きなテーマが含まれています。そしてストーリーに刻まれているだけでなく、物語の構造としても「時間」が織り込まれているようです。主人公のトムは物語の中で「こういえるんじゃない?……人間は、それぞれべつべつな『時』をもっているって。もちろん、ほんとうは、だれの『時』もみんなおなじ大きな『時』のなかの小さな部分だけど」とも語っています。

序盤はそれこそ小さな子ども（しかも退屈している）の体感のように一日一日がゆっくり過ぎ、終盤に近づくにつれて怒濤のごとく進んでいく。これは人生の中での時間、例えば6歳の子にとっての一年は6分の1だったのが、20分の1、40分の1になっていく体感のようで、だからこそ物語の序奏の部分はゆっくり丁寧に描かれ、読者もそれに付き合う必要があったということなのではないでしょうか。

『はだしのゲン』に話を戻します。「主人公が置かれた状況などを補助的に説明する必要が生じ、時間がかかる」という話でしたが、戦時中の児童の生活実態と、現代の児童の生活実態が大きく異なるのは当然のことだと思います。そして何故大きく異なるかというと前者の背景には戦争があり、後者には無いからです。この差を学ぶことで、戦争というものが児童を含む市民生活にどのような影響を及ぼすのかを伝えられるのではないでしょうか。主人公が置かれた状況などを説明する時間すら待っていられない社会は、どうにも危うい気がしてなりません。その時間を短縮して、子ども達に何を伝えたいのでしょうか。誰の時間も同じ大きな時の中の小さな部分だけれど、それぞれ別々な時を持っている。そのことを認めて時間に意味を見出し、待っていられる。そんな時間が流れる社会を作る呼び水として、『はだしのゲン』が再び教材に復帰することを願ってやみません。

いつだったか、ルチャ・リブロに知人の娘さん・Cちゃんがご来館くださったので、嬉しくなって『身近な野の花山の花ポケット図鑑』（栃の葉書房）や、今森光彦『里山いきもの図鑑』（童心社）、高野伸二『日本の野鳥　自然観察と生態シリーズ7』（小学館）なんかを持ち出して、当館周辺の動植物めぐりをしたことがありました。なにせルチャ・リブロの周りだけでも山の植生、川の植生が揃っており、近くに生えていても湿気や日当たりでそれぞれ全然違うものが育つのだから面白いのです。

まずは杉林とルチャ・リブロの真ん中にある畑。お茶の生垣があるので、Cちゃんと一緒にお茶の葉を揉んで匂いを嗅いでみます。「すごい！　お茶の匂い、してる」とCちゃん。王女様が自分の芸を見て喜んでくれた時の道化みたいな気分になり、次は隣の土地との境にある大きな山椒の木の下にCちゃんを案内しました。山椒の葉の香りの強さに、二人で顔を見合わせてみたり。それから畑で目立ちにくいけれど、忘れてはいけないのがオレガノ。畑にはミントも生えているのですが、日当たりが悪く湿潤な土地柄のせいか、よく見かけるミントのグリーンテロ状態にはならず、オレガノが静かに着実に地を覆っています。Cちゃんの爪ぐらいの小さな丸い葉っぱを取って指でこすると、特に変哲のない見た目とは裏腹に、爽やかで特徴的な香りが鼻に抜けます。Cちゃんも笑顔になり、「この葉っぱ、持って帰る」と言ってティッシュに包んでいました。

それから畑にあるのは、クコの木とカラタチの木。その時には結実していませんでしたが、花が咲いて実がなると、干して食べたり、お酒に漬けたりできるんだよ、と話すと、Cちゃんはまんまるな目でカラタチのとげとげの木を見上げていました。こっちに越してから肥料をあげたりしていないため花が咲いたのを見たことがありませんが、Cちゃんの目には可憐に咲き誇る白い花々が映っていたのかもしれません。

河原に降りると、石垣の間にツルや木が根を張っているところが見られます。ちょうどCちゃんが来た時期にフユイチゴが赤い可愛らしい実をつけていたので、収穫しておやつにしたのでした。甘酸っぱい味に、Cちゃんは「美味しい」と目を細めてくれました。川に目を移すと、ハヤがその背をキラキラと光らせて泳いでいます。友人に教えてもらった方法で、透明のタッパーを用意し、蓋に丸い穴を開けてその縁（内側）に味噌を塗り、川底に沈めておくと、ハヤが5、6匹取れた、ということがありました。多分タッパー罠を仕掛ける場所も大切で、水の流れが穏やかな岩陰などが好ましいのでしょう。Cちゃんにこの話をしたら、今度来た時にやってみたい、と言ってくれました。

セリやよもぎはこの季節にはあまり見られないのですが、この日はよもぎがチラッと生えていて、これも匂いを楽しみました。「お団子みたいな匂いがする」とCちゃん。「そうそう、お団子にもできるんだよ」と伝えると、これもやってみたいとのこと。それから岩場で、ユキノシタの葉を探しました。「天ぷらにすると美味しいよ」と話すと、何か衝撃的だったらしく、絶句していました。こんなにも産毛の生えた葉っぱを食べようとする人間の諦めなさに、目を丸くしたのかもしれません。この日見られた野鳥、動物はヒヨドリやアオサギぐらいでしたが、周辺には時々キビタキやジョウビタキ、カワセミにイソヒヨドリ、セキレイにツバメや、アナグマ、タヌキ、シカ、シマヘビ、ノネズミ、ノウサギ、ムササビ等々が、しなやかな姿を現してくれることもあります。

こんな風にルチャ・リブロは建物の館内だけを図書館とは捉えておらず、畑や杉林、畑から坂を下ったところにある川、当館を取り囲む野山をも図書館の分室のように考えています。特に夏は館内が蒸し暑くて、快適な読書環境とは言えないため、川に降りていって足を浸して読書、というのを推奨しています。冬は一室に集まり限られたスペースを暖める方が効率的なのでぎゅっと凝縮します。このように、図書館が季節に合わせて伸縮する、というのも当館の特徴です。

そういえば、以前お客さんが閉館間際にとても充足した顔で、「窓外に木々が見え、裸電球の明かりが灯るこの環境で江戸川乱歩を読んだら、本を夢中になって読んでいた子ども時代に戻ることができました」と司書席に声を掛けてくださったことがありました。また、別のお客さんが、「雪が降った日にでも、この閲覧室の窓いっぱいに広がる雪景色を見ながら、『歌行燈』や『眉かくしの霊』を読んだら、ぴったり過ぎて怖いぐらいでしょうね」と仰っていたこともありました（山の入り口に座して「高野聖」なんかも良いかもしれません。蛭が降ってきたら困りますが）。

東吉野に越し、抗い難いほどの自然を前にして、私達は早々にそれらと闘うことを諦め、むしろ混ざり合って一部になってしまうことを選びました。その結果なのか何なのか、ルチャ・リブロ分室は豊かな表情を見せ、本の中にある世界をより鮮やかに示し、深く読み、学ぶ環境を与えてくれています。私達は山々に抗うことは諦めましたが、この場所で草木や鳥、動物と共に暮らし、読み、学ぶことは諦めていません。そこには川の流れに身を任せるような受け入れ方と、Cちゃんが目を丸くしたような人間のしぶとさ、諦めた先の諦めなさが連なっています。この在り方もルチャ・リブロの実験の一つであり、征服でもなく降伏でもなく、自然とどう向き合うかの着地点を探る道すじの今まさに、真っ只中です。

辻信一『スロー・イズ・ビューティフル　遅さとしての文化』（平凡社）を読んでいた時のことです。「スロー」、遅さをキーワードにして食べ物や住む場所、労働と余暇、科学技術、身体、文化に至るまで問い直す一冊で、その視点にワクワクしていたところ、ある一節に強く心惹かれ、何度もその箇所をなぞっては想像を膨らませました。その一節とは、フランスのラルザック地方・モントルドンという集落に住む有名なロックフォール・チーズの生産者であり、トラクターに乗って建設中のマクドナルドを破壊して逮捕された反核・環境運動家のジョゼ・ボヴェにまつわるものでした。彼の住む村で週に一度立つ市についての次のような記述です。

…こうした事態について取材したドネラ・メドウズとハル・ハミルトンは、

ボヴェの住む村を訪ねて、次のような注目すべきことを報告している。このわずか六、七世帯の小さな村には週に一度の市がたって、近隣の村々から多くの人々が各々の農産物や工芸品をもって集まる。人々は持ち寄った食べ物やワインを共に料理し、食べ、飲んで、歌う。芝居も出る。ここには生産者と消費者の区別がない。ひとつの共同体があるばかりだ。

（辻信一『スロー・イズ・ビューティフル　遅さとしての文化』53頁）

これを読んだ時ちょうどマルシェのようなマーケットのようなものの運営に少しだけ関わっていたので、「こんな市を作れたらいいな」と素朴な憧憬を抱いていました。そんな話を人にしたところ、「えっ？　それじゃあマルシェでお金ではなくて、物々交換をアリにするってことなの？」という話になりました。けれどそれも何となく現実的ではないし、それだけでは何かが足りないような気もする。結局その時点では自分達の置かれた環境や文化で、具体的にどうすれば上記のような市が実現できるのか分からないまま、いつのまにか運営からも遠ざかっていきました。

何年か経って思い出したように同書を手に取ってこの一節に再び触れた時、マーケットという形ではないけれど、気がつけばルチャ・リブロが、このジョゼ・ボヴェの村の市のようになっているのではないかと思い至りました。私達は日々考えていることを、「オムライスラヂオ」というインターネットラジオで配信したり、本に書いたりする他、自分達の読んできた本を図書館活動として貸し出すという生活のおすそわけを行っています。それは単に作物が採れ過ぎたから貰ってほしいというのに近い感覚であったり、自分達なりの方法で社会と関わり続けたいという思いの発露だったのですが、それに対していつしかラジオのリスナーの方や、来館者の方が、実に多種多様なやり方でお返しをしてくれるようになりました。詩を作って送ってくれる、採れた野菜を持ってきてくれる、ルチャ・リブロの看板を作ってくれる、時間を共にしてくれる、拾った小型ラジオを持ってきてくれる、打ち明け話をしてくれる、掃除を手伝ってくれる、ご自身の専門的な知識を交えて話をしてくれる等々、本当に多彩なお返しを日々受け取っている気がします。それはジョゼ・ボヴェの村の市で生産者と消費者の区別なく、各々採れた、作った、考えたものが循環するのと似通っているように思います。

それでは、意図していなかったにも拘わらず、何故このような循環が生まれたのでしょうか。このことに関わりそうな思い出があります。はじめて就職をして金沢に暮らし、大学図書館に勤務していた頃のことです。図書館のカウンターに座っていると、学生から「ボールペンを貸してください」と声を掛けられました。カウンターのペン立てを見るも、ちょうどマジックやシャーペンしか入っていなかったので、自分のペンケースからボールペンを取り出して渡そうとしました。ですが、学生は「個人のをお借りするのはちょっと……」と引いてしまって、ペンを受け取りませんでした。このペンが全く同じものであっても、カウンターのペン立てに差してあれば、きっと受け取ってもらえたんだと思います。このことが私の中に何となく引っかかりを残しました。サービスは大手を振って受けられるけれど、行きずりのおすそ分けには引いてしまうというのは、社会の中で根強い「人に迷惑を掛けないように」という感覚とも無縁ではないような気がします。「迷惑を掛けない」が高じて、サービスや契約を通してしか他者と関われないというぐらいの強迫が根底にあって、たったボールペン一本を借りる手さえ彼女に引っ込めさせたのかもしれません。

ですが、サービスや契約でしか繋がらない関係性の中では前述のような市は成り立たないように思います。そう考えてみるとルチャ・リブロの活動は、ペンケースの蓋を開けて皆が好きに中身を借りられるようにした、みたいな状態なのではないでしょうか。ペンケースを開け放ち、私的な領域に引っ張り込んで、サービスや契約以外での関わり方を提案してみたのです。ただ、これは計算してやったことではなく、きちんとしたペン立てを買って設置することが出来なかったというだけなのかもしれません。

ペンケースを開け放つのは、中にある色々な文具を誰かに使ってもらうと同時に、そこに足りないものを告白することでもありました。ルチャ・リブロの活動の中で、例えば本の手入れの手が足りなくて困ることや、庭木の剪定の仕方が分からないというようなことが出て来たら、私達はラジオでそのことを話したり、SNSで手伝ってくれる人を募集したりします。出来ない、持っていないことをなるべく隠さず開け放します。そうすると、本の手入れに駆けつけてくれる方がいて昼食とおやつをご一緒したり、「昔、庭師のアルバイトをしていたことがあって」と庭木の枝の落とし方を教えてくれる方や、園芸ばさみを送ってくれる方が現れるようになりました。

こうして振り返ってみると、ジョゼ・ボヴェの村の市のような循環が生まれたのは、自分達が「出来ない」ことに端を発しているようです。またその「出来ない」ことを開け放したことが、潤滑油にすらなっているのではないかと思います。『スロー・イズ・ビューティフル　遅さとしての文化』の辻さんがスロー、遅さを「速さの不足」と切り捨てず、そこに可能性を見出したように、「出来ない」ことから始まる循環が、社会のそこここで生まれたらと思いを巡らせています。

森から来た人達

時々、インタビュー等で「どんなお客さんがいらっしゃるんですか?」と尋ねられ、利用情報を守れる範囲内でお答えしています。ただ、その時の答として、私が本当に言いたいのはこんな言葉です。

「森から出てきた人達なんです」

学生時代、クローゼットに本棚を仕舞い込んで隠していましたが、それと同時に「誰かと本の話がしたい」というよじれた願望も持ち合わせていました。けれど私が生きる世界の中には、私が思い描くような相手が都合よく現れたりはしないのだろうと、どこかたかを括っていました。それが時を経て私設図書館を開いてみたら、私が会いたかった、話したかったような方々が、次々と足を運んでくれるようになりました。「今までどこに居たの?　森の中?」と血迷って尋ねたくなるくらいのマッチング率です。過疎地に住んでいるのに、街にいる時より出会いに恵まれている気すらします。

当館の堂々たる常連さん、Hさんとの出会いが、いつ、どんなものだったかは正確に覚えていません。ただ、確か初めての冬期休館明けに足を運んでくれたように記憶しています。それから、縁側の入口をまたぐHさんを見て「なんだかスマートな方がいらした」と思ったことも何となく憶えています。Hさんは、この辺鄙な図書館へ片道1時間ほど掛けて来てくださった理由を、当時「だって、気になるでしょ」と仰っていました。Hさんが来館する日は大抵、盛況になるので、私は「福の神」だと思っています。それを言うとご本人は、「休日に来るからでしょ」と応えますが、シーンと静かな休日もあるのです。Hさんとは、「明治、大正、昭和を生きた小説家・岡本綺堂が好き」という共通点があります。私が中学生の頃から読んでいた古い文庫本『影を踏まれた女』（旺文社文庫）を始め、綺堂の奇談、怪談を書架の森に忍ばせていたのですが、それを見つけてくださったのがHさんでした。以来、シリーズの中で『岡本綺堂伝奇小説集　其ノ一　玉藻の前』（原書房）しか当館に所蔵が無かったものの、続編を持ってきてくださったり、当館の蔵書ガイドに執筆してくださったりと、開館当初には思いもよらなかったような嬉しい繋がりが育っています。この間はHさんから「岡山の勝央美術文学館というところで、岡本綺堂生誕150年記念展をやっているよ」と教えていただいて、高速バスとローカル線に揺られて展示を見てきました。当館に春陽堂から出ている岡本綺堂の戯曲シリーズを一部所蔵しているのですが、古本屋で探したり調べてもなかなか全容がつかめずにいました。その戯曲シリーズが、此度の展示では揃っていた、全ての装丁が素晴らしかった、とHさんが言っておられたので、とにかくそのシリーズだけは見たい、という思いで10年、15年振りくらいに一人旅に出かけることが出来たのでした。

私を一人旅に連れ出した人が、もうお一方いらっしゃいます。関東の方にお住まいで、書庫のあるカフェをされているKさんです。Kさんは私達の最初の本『彼岸の図書館　ぼくたちの「移住」のかたち』（夕書房）を読んでオムライスラヂオを聴き始め、ヘビーリスナーになってくださいました。偶然が重なって連絡を取り合うようになり、気がつけばイベントの打ち合わせと称して、長いメールを送り合うようになっていました。お互い、「人間に化けて人間のように振る舞っているけれど、実は動物である」という、いかにも森にいそうな自己認識を持ち合わせていて、そういう普段心の奥底で感じていることも、いつしか話し合っていたのでした。この2年ほどはKさんのお店で、座談会やオムライスラヂオの公開収録をさせてもらうようになりました。私はKさんが住んでおられる地域には今まで足を運んだことがなかったのですが、近鉄電車と新幹線を乗り継いで一人旅をしたことで、すっかり身近に感じるようになりました。その地に灯りがともっているように感じるのです。また、先日はKさんがはるばる旅をして、ルチャ・リブロにご来館くださいました。当館まで向かうのにバスに乗っていると、「あ、あそこはオムライスラヂオに出てきた和菓子屋さん・西昭和堂だ」とか、「あれはよく収録をしているコンビニの駐車場の、周辺史跡案内板の前だ」とか、ラジオに出てきたことを本当につぶさに拾ってくれていて、ヘビーリスナーぶりを再確認するような道中になりました。ルチャ・リブロでたっぷりおしゃべりをした後は、東吉野を満喫してもらいたくて村内のゲストハウスをご紹介、私も一緒に宿泊して語り明かす、という一夜を過ごしました。

こんな風に、「森から出てきた人達」との繋がりは、緩やかに確かに広がり、深まってきています。そのことについて考える時、レイ・ブラッドベリ『華氏4

51度』（ハヤカワ文庫SF）を思い起こします。本が禁制品となり、見つかり次第焼却される世界で、主人公・モンターグは本を見つけ、燃やす昇火士の仕事をしています。しかしある日を境にその仕事に疑問を抱き始め、そこから彼の運命は動き始めます。物語の終盤、彼は森にたどり着きます。そこには本を求める人々がどこからともなく集ってきて、本を手分けして諳《そらん》じているのです。私はこの情景を、ルチャ・リブロの活動を通じて繋がった面々と勝手に重ね合わせています。森から出てきたような人達が、また森に集って一緒に考え始める。そんな流れが、森に蓄えられた水がしたたってやがて小川を作るように、少しずつ成り立ち始めています。

知の森に分け入る

本を書架から一冊選ぶ、というのは不思議な行為だと思っています。他のものを選ぶ時は、一つ選び取ると、他のものを選ばなかったことになりますが、本の場合は少し違うような気がします。一冊を書架から選び取ると、その本に関わる本をまた読みたくなる。自分が知らないこと、分からないことが浮かび上がってきて、隣の本も、その隣の本も手に取って読んでみたくなる。本というもの自体が宿命的に、横断性、連続性を孕んでいると言えるのかもしれません。

「生きるためのファンタジーの会」でも、まさにそんなことが起こりました。先日の課題図書は2022年刊行、斉藤倫の『新月の子どもたち』（ブロンズ新社）でした。この前の回ではフィリパ・ピアスの時を超えるファンタジー『トムは真夜中の庭で』を読んだのですが、その時に「主人公のトムが生きる時代には、古いものの面影がまだ残っていて、それを糸口に違う世界への入口を見つけられたけれど、現代の子ども達はどうやって見つけたら良いのだろう？」という疑問が浮かんできて、『新月の子どもたち』を読むことになったのでした。『新月の子どもたち』は、小学校での日常と、息苦しい現実を象徴化したような夢の中の牢獄・トロイガルトを行き来する子ども達が、トロイガルトの出口を探す物語です。牢獄では毎日看守が死刑囚達に対して「おまえはしぬ」と呼びかけ、「ぼくはしぬ」と囚人達が答えることが習わしになっています。けれどこの呼びかけに対して「わたしはしなない」と応じる少女が現れ、物語は動き始めます。『新月の子どもたち』について語り合う中で、ウェルズ恵子『魂をゆさぶる歌に出会う　アメリカ黒人文化のルーツへ』（岩波ジュニア新書）や、イリナ・グリゴレ『優しい地獄』（亜紀書房）等、一見関係なさそうな本の名前が根を伝って飛び出してきました。

『魂をゆさぶる歌に出会う　アメリカ黒人文化のルーツへ』は黒人達の言葉でのプロテストについて言及しており、「わたしはしなない」とまずは言葉で宣言する少女に絡めて、話の中で登場しました。また、『優しい地獄』は社会主義政権下のルーマニアに生まれた人類学者の著者の自伝的エッセイです。著者の娘が、ダンテ『神曲』の地獄の話を聞いて「でも、今は優しい地獄もある、好きなものを買えるし好きなものも食べられる」と言ったのだそうで、「虐待されるわけでもないけれど、考えず、緩慢に過ごしている内に死が訪れるトロイガルトでの生活」とも通じる言葉なのではないか、という話になりました。どちらの本も読んでみたくなり、「これから読むリスト」に入りました。こんな風に本と本が根を絡ませ合うようにして、ズルズルと繋がり、連なってくるのです。

図書館では、本を選んで棚をつくることを「蔵書構築」「コレクション構築」といいます。私は何となくこの呼び方を気に入っています。知が土から芽を出して段々と力強く成長し、それぞれ根を絡ませ合いながら枝葉を広げていく木々や森のようなイメージを想起させるからかもしれません。根は時に協力し、譲り合い、競い合いながら、豊かな水や養分を一緒になって抱いています。そうして守られた水や養分を、私達が分けてもらうのです。このイメージは、私の中でシソーラス（体系づけられた検索語）を図示したものや、サイテーションマップ（論文の引用、被引用関係を図示したもの）とも通じています。図書館の書庫に足を踏み入れる感覚は、森に分け入るそれと似通っているのかもしれません。

実はこの森は、自分の立つ入口からは全貌が見渡せないほどの大きな森です。

図書館で蔵書を構築する時、どこか共同保存という意識が働いているからです。単館での構築だけでなく、「このシリーズは近隣で当館しか所蔵していないから、除籍はしないでおこう」とか、「あの本は○○図書館にあるから、見たい人がいたらそちらをご案内しよう」とか、図書館全体という大きな森を想定しながら、根を広げ、枝葉を伸ばすのです。森の中での生態系を思い浮かべると良いかもしれません。自館に揃っているかどうか、というより、「全体で見て、どこかには所蔵がある」というところに着眼しています。それがたとえ外国の図書館だとしても、感覚はあまり変わりません。図書館と図書館は繋がっているからです。現在は私設図書館を営んでいるのでシステムとして他館と繋がっているわけではありませんが、蔵書を構築するに当たって、他の館が何を所蔵しているかというのは意識しています。また、森の歩き方をある程度知っているので、広大な森に分け入るための案内人になることもできるのではないかと思っています。その森は広大で深く、そして豊かです。知と森について考えてみる時、アリストテレスの開いた「リュケイオン」を思い起こします。リュケイオンは紀元前4世紀にアリストテレスの学園で、マケドニア系の権力者の後押しを受け、アテネの外れの森の中に作られました。学園外の一般市民にも講座が開講されるなど、開かれた場だったといいます。またアリストテレスの指示の下、学生達は各地から膨大な資料を収集していたそうです。リュケイオンにはもちろん及びませんが、ルチャ・リブロが木々の中にぽつんとたたずんでいるのは、どこか必然であるように思えてなりません。

そう考えると、当館のお客さん達は自らの森の洞穴から出てきて、新たに本と本が根を絡ませ合う知の森へ分け入っているのでしょうか。深く広大な森に足を踏み入れる姿は凛として決意の表情に満ちて、だからこそ私は心惹かれてしまうのかもしれません。

葛根湯司書

「葛根湯医者」という言葉があります。患者がどんな症状を訴えても、とりあえず葛根湯を処方するヤブ医者をこう称したそうで、落語のネタにもなっています。八つぁん、熊さんが町医者を訪ね、「先生、頭が痛いんで」というと「それはいけない。頭痛なら葛根湯を飲みなさい」と応じる。「先生、腹が痛いんで」と相談すると、「腹痛？　それなら葛根湯をおあがり」といった調子で葛根湯ばかり出てくるのです。ネタにはなっていますが、葛根湯は実は幅広い効能を持っており、「葛根湯医者」は意外と的確な処方をしているのではないかという見方もあります。実は私にも、葛根湯のように幅広く誰かに差し出すことができると思っている本があります。おすすめの本を尋ねられた時や、少し疲れておられる方に掛けられる言葉を探す時、ついつい手が伸びるような本です（私がヤブな葛根湯司書であることはさておき）。

一冊は、佐藤多佳子『しゃべれどもしゃべれども』（新潮文庫）です。新米噺家・今昔亭三つ葉。三度の飯より落語が好きだけれど、伸び悩んでいる。そんな三つ葉の下に「落語を教えてほしい」と集まってきたのは曲者ばかり。吃音で悩む幼馴染の良に、失恋した傷が癒えない十河、方言を押し通してクラスで浮いている小学生・村林、野球解説が下手な元野球選手の解説者・湯河原。落語の稽古を通じて、それぞれの人生が少しだけ動き始め、三つ葉自身も成長していくという心温まるストーリーです。

他には、西尾勝彦『歩きながらはじまること　西尾勝彦詩集』（七月堂）があります。言葉が煌めく詩と詩の間に、「小さな電車」という詩と、「人」という短いエッセイが挟まれています。ご友人がそれぞれ岩倉と神戸に入院され、お見舞いに行かれた時のことが書かれています。「小さな電車」の「この世から　はかりしれない悪意を浴び　生きる意志を失った知人にかける言葉は　どこにもないのだ」（52頁）という言葉と、「人」の「僕には、こころ病む人が、病んでいる人に見えない。そんな人たちこそ、ふつうに見える」（134頁）という言葉に胸が詰まります。はじめてこの文章に触れたのは近所の駅構内でしたが、言い知れぬ感情が込み上げて来て、表情を隠すのが大変でした。

私の葛根湯、漫画もあります。町田洋『船場センタービルの漫画』です。こちらは書籍化されていないので、掲載されているサイト、トーチwebをご案内しています。身体的な痛みからうつ病になった著者の下に、大阪・船場センタービルの広告漫画の依頼が届きます。著者が「私は、宣伝の漫画をお受けするには致命的な事に、その時描きたいものしか描くことができません。ちなみに今描きたいテーマはうつ病です」と答えると、「はい、そちらでどうぞよろしくお願いします」という返答が来て、著者が呆気にとられるところから始まります。これがはっと胸を打たれる展開に繋がるとは、予想もできない滑り出しです。

私が葛根湯だと思っている三冊を並べてみると、ある共通点に気がつきます。できないこと、不可能性から物語が転がり始める、ということです。『しゃべれども しゃべれども』は何かできないことがある面々が主人公の三つ葉のところに集まって、落語を習い始めることから始まった物語ですし、そもそも三つ葉自身、噺家として自分の殻を破ることができずくすぶっている、というスタート地点があります。『歩きながらはじまること　西尾勝彦詩集』から紹介した二篇も、世の中で心を病まずに生きていくことができない友人達からの知らせを受けて、著者が電車に乗るのです。また、『船場センタービルの漫画』では、著者が「その時描きたいものしか描くことができない」と依頼を断ったことで、船場センタービルと著者のうつ病が重なり合うような、不思議で、心摑まれる宣伝漫画が展開されていきます。

こんな本がルチャ・リブロの書架には並んでいます。そんな書架を来館された方が一巡、二巡した後、困りごとやしんどいことをぽつりぽつりと話してくださることがあります。書架に「できること、無限に広がる可能性から始まるお話」が沢山並んでいたら、そうした言葉はこぼれ落ちなかったかもしれない。不可能性から始まる本を並べている書架が、この方に小さな声で語りかけ、ご自身も話し始めるということが起こっているんだと思います。そして、困りごとやしんどいことの中で話されるのも、やっぱり「どうしてもできないこと」なのです。「自分の身体性や時間を、全面的に今の仕事に捧げることに納得ができない」だったり、「授業のペースについていくことができない」だったり「就職活動に疑問を感じていて、動き出すことができない」だったり。大抵の人はそれを困ったこと、うまくできなくてしんどいこととしてお話しされます。ですがそれを声に出して話してみたら、今度は私の葛根湯本を読んでみてほしい。不可能性から始まる物語があり、それはとても豊かで本質的なものなのです。今ルチャ・リブロの書架は、「できないことを話してみたらいいよ」というメッセージを発しているのかもしれません。それがもっと先へ進んで「できないことこそスタートなんだ」というメッセージになり、できないことを楽しく堂々と話せるようになったらもっと良いのではないかと最近考えます。そのためには書架から滲み出した葛根湯の効能が社会全体に回って、いつだってできないことから話を始めてもいいんだ、不可能性にこそ、秘められた可能性があると感じられるような状況を作り出さないといけません。そのために今日も書架に「できないことから始まる物語」をそっと並べ、誰かに差し出します。書架から遠く、滲み出すものを思いながら。

水の澄んだ川と、豊かな山の間にたたずむ古い家で私設図書館ルチャ・リブロを営むようになり、7年ほどが経ちます。この場所で暮らす中で、川の流れや嵐の来訪を止めることができないように、人間の中にも制御できない部分があるのだと気がつきました。普段からコントロール不能の自然の中で生活していることから、私は人間の制御出来ない部分をこれも一種の自然だと捉え、「内なる自然」と名付けて認識するようになりました。イメージとしては心の中で台風が暴れているような状態で、その度合によっては病や障害と名がつくのだと思います。「冷静でいようと思っても心が乱れてしまう」とか、「何故だか涙が止まらない」というのは内なる自然の作用で、人間の内面の社会化されていない部分と見ています。

近ごろは7年前の私のように、社会の中で生きることに疲れてしまった方が、橋を渡って図書館を訪れることがあります。館内で少し時間をかけてお話ししてみると、この方々は内なる自然を心に宿していて、それが故に苦しんでいるように見えます。

先日読んだ本『見捨てられる〈いのち〉を考える　京都ALS嘱託殺人と人工呼吸器トリアージから』（晶文社）の中に、現代は「存在することそのものにネガティブなメッセージが飛んできやすい社会」であるとの指摘を見つけました。そのような社会に疲れた人が訪れるのが、内なる自然と響き合うような豊かな自然に囲まれたこの場所だったのは、必然のような気がします。それと同時にこの場所が図書館であったということにも、大きな意味を感じています。図書館に並ぶ本には誰かの内なる自然が閉じ込められている。そしてそれに触れた人は、自らの内なる自然とも向き合うことになると思うのです。人々が山奥の図書館に足を運んでくれるのは、そうした時間を求めての行動なのかもしれません。

ルチャ・リブロに行くには、まず小川にかかる石の橋を渡らねばなりません。寒い冬には、雪は積もらないまでも、橋の上が凍りつくことがしばしばあります。冬に当館にやってくるお客さんは、霜の降りたキラキラ光る氷の橋を、そろりそろりと渡ってきます。

季節が巡って秋になると、橋を渡って右手にある広場が一面イチョウで覆われ、冬とはまた違った表情になります。葉の輝くような黄金色や、銀杏がしばらくの間楽しめます。広場の奥には、過去に志士がこの場所で命を落とし、一時埋葬されていたという史跡があります。苔むした土地に面して大きな岩が祀られていますが。遺骨自体は現在は近くのお寺に移されましたが、亡くなった場所ということで今も多くの方が訪れます。

広場の反対側、杉檜の林を抜けると野原の花々に引き留められます。フタリシズカにミツバウツギ、ゲンノショウコ。花というのは生命力が爆ぜたのをそのまま形にしたようで、どこに咲こうとも目に飛び込んできて気圧される時もあります。ふと、「火宅」という言葉が頭をよぎりました。火宅というと煩悩に焼かれる現世を指しますが、生きるというのは、燃え爆ぜるようなあり様なのではないかと思い至ります。私も発作的に心が爆ぜてしまう時がありますが、焼かれるような苦しさとともに「自分はまだ生きているな」と感じます。社会の中での善悪を超えて、生きることにはものすごいエネルギーを伴っているのだと気づきます。

野原の坂を下ると、河原に降りられます。川の流れや石ころには、時間が内包されています。その時間はおそらく人間の寿命を軽々と越えたもので、それらに触れると何故だかとても安心します。それぞれに包まれる途方も無い時に思いを馳せると、その景色を何時間でも眺めてしまいます。河原には日常的に虫や小動物が息絶えている一方で、堅固な岩を突き破ってそびえ立つ木を見つけたり、水を飲む鹿のしなやかな姿を目にしたりします。そんな風に河原で過ごしていると、内なる自然と周囲に広がる自然の境界もあいまいになり、どこか気楽に思えてくるところもあります。

内なる自然の声を無視できないのは弱さではなく、そうした小さな声を受けとめるセンサーの感度の問題ではないかとも考え始めています。霜の降りた橋をそろりそろりと渡ってくる方々も、敏感なセンサーを持っているがゆえに生きるのが大変なのだとも思えました。せわしなく回る社会の渦中にいた頃、私は自分の内なる自然から発される声が煩わしくて仕方ありませんでした。仕事に行かなければいけないのに心も身体もままならず、点滴を受けてから出勤しないといけないことなどがざらにあり、「私は弱い、強くなりたい」と感じていました。でもこちらに来てからはそのセンサーが、周囲の自然と関わること、例えば薬草を見つけたり、天候の変化を感じて予測したりすることに役立っています。ここにある草花、動物、木々は、「もっと内なる自然の微細な声に、耳を澄ますと良い」と働きかけてきます。そして、社会の中では厄介に感じてしまう内なる自然について、違った側面を私達に示し、一直線に破滅に進まないよう逡巡させているのではないでしょうか。それは、橋と林に守られ、すぐにはたどりつかない図書館への道そのものなのかもしれません。

ちょっとした用事があって東京に出掛けがてら、これから本のある場所を作ろうとしている方々のところを訪ねました。その方々は少し前にルチャ・リブロにもご来館くださり、図書館をどんな風に運営しているかなどのお話をしたのでした。自らも本のある場所を開こうとしている中で、どんなルールで運営するかを迷っておられるようでした。

「ルチャ・リブロの館内に、ルールが掲示されていないんだな、と思った。でも皆何となく自分の場所に納まって、それぞれ快適に過ごしていて、それが良い」とその方は言ってくれました。確かに当館内にはルールを掲示していません。時々、「勝手が分からないから、書いておいてくれ」とご要望いただくこともあります。ホームページには掲載しているので見ようと思えば見られますが、来館する方すべてが知っておく必要もないと思っていて、例えば貸出をしたい、とか貸出中の図書に予約をかけたいとか、ご要望が出てきた時に説明しています。必要に応じてルールを取り出したり、取り出さなかったりしています。開館当初はこちらの意図がうまく伝わらないような行き違いらしき出来事があると、館内にルールを掲示したくなる時もありました。例を挙げてみると、当館にあがるには縁側に設けた木製の階段を使う必要があります。階段にあがる時には靴を脱いでもらいたいのですが、掲示などがないので、時々齟齬が生じます（もちろん、お客さんには全然非はありません）。こういう時に「靴を脱いであがってください」というようなことを書こうかな、と思うこともあったのですが、段々その必要性を感じなくなりました。靴を脱がずにあがる人がいたら本人には声をかけて、階段は拭けばいいだけなので、そんなに困ることではないし、全部書いてあって考えなくて済む、という状態より、「ここはどんな場所だろう」とアンテナを張ってもらった方が、結果的に来館された方がルチャ・リブロという場と仲良くなれるような気がしました。また、先に来館されていたお客さんが、「そこの階段からあがったらいいよ。あ、靴は脱いでね」と声をかけてくださったり、靴を脱いでおいてくれることで後から来たお客さんもそれに倣ってくださったり、ということもあって、書いておかない方が言葉やそれ以外でのコミュニケーションも増えるのだと感じました。ご来館の方々が銘々にアンテナを張り、お互いの存在を感じ合いながら場を一緒に作ってくれるからこそ「皆何となく自分の場所に納まって、それぞれ快適に過ごしている」状態が生まれるのかもしれません。

また、ルールの掲示それ自体が場の雰囲気を変えてしまうということも懸念しています。東京新聞２０２３年２月20日付のもので「どうしてこうなった？『禁止』『やめて』看板が24枚もある公園　開園した６年前は０枚だったのに〈ニュースあなた発〉」という記事を目にしました。東京都練馬区の公園が、開園から６年で「すべりだいをかけあがらないでください」であったり「園内バイク　乗入禁止」だったり、禁止看板だらけになってしまったという内容でした。私がたまに行く温泉内にも禁止事項の掲示が多くあります。「毛染めをしないで」というものから、子連れの方に向けて気をつけてほしいことを沢山書いたものまで。そういう場にいて、掲示を目にして、心地よいかというとあまりそうは思いません。マナーを守って使っている人まで窮屈な気持ちになってしまうのではないかな、と感じます。子連れの人ものびのびしている方が、子どもがいない人も結果的にリラックスできるのではないかと。実際練馬区の公園の件は、禁止看板だらけの公園の光景に違和感を覚えた近隣の方が新聞社に情報を寄せたところから記事になったそうです。注意書きだらけなので、入るのにも躊躇してしまうと書かれていました。ルールを掲示することは管理の面では利点もあると思いますが、私達は管理より場を共にしたい。掲示するかしないか自体もメッセージとなり、場のトーンを決めるのなら、時間や手間が余分にかかっても、「共にしたい」ということが伝わる環境を作る方を大切にしたいのです。

先述の方はとても真っ直ぐにルールと向き合っておられるようで、「こういう風にルールを設定したら、これこれこういう事態は防げるけど、本来開きたい方面には開けなくなってしまう」という風に考えて、ああでもない、こうでもない、と思索を巡らせていました。私は先述のようなルールとのつきあい方について断片的にはお話ししましたが、うまく伝えられたかどうか心許ない状態でした。

その日の夜は、東京・中延の隣町珈琲で家人と、『1階革命　私設公民館「喫茶ランドリー」とまちづくり』(晶文社)著者の田中元子さんとの対談がありました。田中元子さんは街中でコーヒーを無料で振る舞うという「趣味」から、「マイパブリック」（私設の公共）、欲しい公共は自分で作ってしまう、というアイディアを打ち出した方で、業務用洗濯機と乾燥機を置いて始めた「喫茶ランドリー」もこのアイディアの延長線上にあります。この中で田中さんが、次のような趣旨のことを仰いました。

「私はね、うちの店で、スタッフ全員が、どのお客さんに対してもいつも同じ調子、同じトーンで『いらっしゃいませ』って言えなくてもいいと思っているの」

この一言を聞いた時、私はこれが昼間のルールにまつわるお話への回答だ、と感じました。そう、そうなんです。田中さんは、他のお店ではいつも、誰に対しても同じトーンで「いらっしゃいませ」を言うのが当たり前になっている、だから逆に「喫茶ランドリー」ではそうしない。変化を許容するのだ、ということを続けて話されました。このことは『1階革命　私設公民館「喫茶ランドリー」とまちづくり』にも書かれています。

スタッフたちにそのひとらしさを全面に出しながら働いて欲しいから、結局わたしはお客さんに、諦めてもらうことにした。お代を払っているのだから、ここで自分が神様のように振る舞える、と思うことを。こちらが全てを完璧にこなして、いつでも判で押したように万全のおもてなしが受けられるということを。…スタッフのみんなに、よくこう言っている。ウチは人間がやっている店なんだから、揺らいでいて当たり前なんだ。調子が悪いときも、前に来た時とは何か違うな、と思われることも、本来あって当たり前なんだ。

（田中元子『1階革命　私設公民館「喫茶ランドリー」とまちづくり』74頁）

これは場のルールについても言えることではないかと思いました。「避けたいような事態は防げるし、本来開きたい方面にも開ける」ような完璧なルールを用意しておく必要はない。ルールを決めるのも使うのも、そのルールのある場に集うのも人間なのだから、お互い揺らいで、変化があっても構わない。そういう揺らぎを受け止める場所でこそ、何か面白いことが生まれるのではないか。ルールとのつきあい方についてお話しした時、自信を持ってこんな風に言えたらよかった、と後ろ髪ひかれる思いがしました。けれど、田中さんはこんなことも書かれています。

ここは他と違います、どうぞお好きなように過ごしてください、やりたいことをやってください。あなたらしくあってください。それは確かにそう思っているけれど、そのまま店内に文言で書いておく、なんて無粋なことはしたくない。無粋であるだけで、コミュニケーションの可能性は閉ざされる。

（同書77頁）

だから、やっぱりルチャ・リブロ館内にはルールを掲示しないでおくし、「こんな風にルールを設定したらいいよ」とアドバイスをするより、ルチャ・リブロの場の在り方を示し、示し続けるのが一番なんだろうな、という「ふりだしにもどる」みたいなところに行き着いたのでした。

偶然性と私設図書館

何気なく手に取った本に、思いがけず自分自身との共通点を見つけると何やらゆかしく、嬉しくなるものです。私の場合、近ごろ深く考えずに本を開いてみたら、「私設図書館を作る物語」だったり「私設図書館が舞台の物語」だったりして、頬が緩むことが三度ほどありました。

一度目は、ゆうきまさみ『白暮のクロニクル』（小学館）というコミックに出会った時分。オンライン試読で3巻まで読めるということで開いてみたところ、何と主人公の相棒的な存在となる白髪の少年・雪村魁が私設図書館の司書でした。現代日本を舞台にしたSFで、「オキナガ」という不老不死の存在と、年を取る人間とが社会の中で共存しているという設定です。共存している、と言ってもオキナガに対しては根強い差別の歴史があり、両者の関係は常に緊張を伴うものとして描かれます。オキナガという架空の存在を通じて、差別や偏見を眼差す痛烈な一面を持った作品だと思います。この物語に登場する私設図書館「按察使文庫」は、オキナガになってしまった按察使家の娘を元の身体に戻すため、父が世界中の文献を蒐集したことに端を発しています。

二度目は、古本市で装丁に惹かれて連れ帰った塚原健二郎による児童文学集『七階の子供たち』（子供研究社）を開いた折に訪れました。この中の短篇「田舎へ」は、療養のため田舎にやって来た都会育ちの少年・一郎が、地元の子ども達と一緒に遊ぶようになって、やがて元気を取り戻して行くお話です。そしてまた都会に帰るのですが、友情の証に様々な本を残していきます。それを元に、地元の子ども達は水車小屋の隅に子ども図書館を作り上げ、再会を待ち望むという結末です。私が手にしたのは復刻版でしたが、元々の刊行は昭和12年（1937年）。戦争に向かっていく世相の中で、遠方の友と再び会いたいというのは思った以上に切実な願いなのかもしれません。

三度目は、ほしおさなえ『菓子屋横丁月光荘　歌う家』（ハルキ文庫）を手に取った時。ほしおさなえさんは元々、大和郡山にある素敵な書店・とほんの砂川昌広さんに教えていただいた作家です。別の書店で見つけて手に取ったところ、何と古い家を古地図図書館にするというストーリーで、家の声が聞こえる、という不思議な力を持つ青年・遠野守人が主人公、という設定にも魅力を感じ、迷わずレジに持っていきました。

三冊の物語に共通するのは、最初から私設図書館を作ろうとして資料を集めた り場を作ったりした訳ではない、という点です。三冊目の『菓子屋横丁月光荘歌う家』に関しても、図書館を作るほど古地図があったのは、自分が育った変わりゆく街の以前の姿を、古地図に重ねて集めていた先代がいたからです。私達も元々溢れていた蔵書と、今の場所が結びついていてたまたまルチャ・リブロになったという感じなので、余計この3冊に親近感を覚えたのかもしれません。

私達がルチャ・リブロを営んでいる古い家は、戦後、朝鮮から引き揚げてきたご一家によって建てられた家です。家を建てる直前は中学一年生で、学校から帰ったらおやつを食べて山を削りに行っていた（起伏のある土地を削って平らかにしていた）という今の大家さん・上辻良輔さんは次のように語ります。

…この家がどうして建ったのか、お話ししましょうか。親父が次男で実家に長く居候できないっていうんで、三度住まいを移りました。引き揚げてから五年後の一九五〇年の秋、ここへ引っ越してきました。もちろん建てるための準備はかなりあったんですけど、父親がその時は役場に勤めていて、鷲家区の仕事もしていたんです。鷲家の人たちや鷲家谷の人たちとも親しくなって、家を建てるために親父が設計して、柱の数を一本ずつ計算したんです。それで山主さんのところに一軒一軒お願いに行って、一本とか三本とか木をもらいまして、その木でこの家は建ったんです。

（『ルッチャ』創刊號２０１８、人文系私設図書館ルチャ・リブロ、26-27頁）

こうした経緯もあってか、上辻さんはこの家に人が住まなくなって10年の間にも、定期的に換気しに通ったり、ご友人を呼んで川遊びやバーベキューをしたりして、朽ち果ててしまわないように手入れされていました。私達がはじめてこの家を訪れた時、何か家が眠っていて、いつでも目を覚ますことができるような印象を受け、図書館を開設するに至ったのでした。先に挙げた3つの物語と同様に、上辻さん一家が一本一本木材を集めていた頃には、この家がやがて空き家になり、私設図書館として再び人が行き交うようになるとは想像もしなかったでしょう。私達も私設図書館というもののイメージがぼんやりと定まらない感覚だったのが、この家に出会ったことで、川の流れに乗ったように、偶然に運ばれて図書館を作ることになりました。

先述の3つの物語に出てくる私設図書館は、「誰かの叶わなかった願いのあとさき」とも捉えられるかもしれません。『白暮のクロニクル』ではオキナガに関する本を集めて方法を探したものの、按察使家の娘が老いを取り戻すことはなかった。『七階の子供たち』の少年たちは、仲良くなったものの別れなければならない時がやって来たから、友情の記念に文庫を作った。『菓子屋横丁月光荘歌う家』では、街の景色が変わりゆくことを止められないから、古地図を集めたけれどその偶然性が、最初の願いよりずっと遠いところに誰かを連れて行った、とも言い換えられるかもしれません。当館も、代々家族で住み継がれるということにはならなかったけれど、違った形で多くの人が行き交う場所になっています。『菓子屋横丁月光荘　歌う家』の主人公のように家の声が聞こえたら、偶然性の下に立ち上がったこの図書館のことを喜んで、歌ってくれていると良いな、なんて想像します。

夜の海の灯り

人気がなく、鹿の方が多いんじゃないかと思われるような山奥でルチャ・リブロを営むようになって、却って人と出会うようになりました。私は、人と出会うことは、言葉と出会うことでもあると考えています。ルチャ・リブロの活動を通じて出会った人達に、心が救われるような言葉を手渡してもらう機会が増えました。

今ちょうど私の手の中に、タミ・シェム＝トヴ『父さんの手紙はぜんぶおぼえた』（岩波書店）という本があります。1940年5月、ナチス・ドイツがオランダに侵攻し、オランダ国内でもユダヤ人に対する様々な禁止令が公布されました。その中で、ユダヤ人である主人公の少女・リーネケ（本名ではなく、オランダ人風の偽名）は、家族と離れ、地下抵抗運動に参加している医師の下に預けられ、隠れて暮らしています。リーネケの心を支えたのはこの生活を支えてくれた人々と、別の村に隠れ住んでいる父から時折届く絵入りの手紙でした。リーネケは父からの手紙を、そらんじられるくらい何度も読み返して返事を書いていたといいます。手紙が残っていると危険なので焼き捨てられるはずでしたが、リーネケを預かっていた医師が土中深くに埋めて保管しており、戦後になってからこれらをリーネケに返却し、日の目を見たということでした。かわいらしい絵で彩られた手紙の一節を紹介します。

愛するリーネケ、
1年がおわった。
1年のおわりに　友だちは
みな　幸運を祈りあう。

わたしの愛する娘、
きみは　いちばんの友だから、
心からのおめでとうを

いちばんに　いおう。

だから、リーネケ、そばに来て　ひざにのっておくれ。

そう、ひざにはいあがって。

さあ　きみの両方のほっぺに　ひとつずつキスを、

頭にも　キスをあげよう。

（タミ・シェム＝トヴ『父さんの手紙はぜんぶおぼえた』岩波書店、91頁）

厳しい暮らし、尊厳が損なわれる日々の中で、自らが父にとって最愛の存在だと幾度も確かめることが、どれだけリーネケを救ったことでしょう。リーネケの受け取ったこの手紙のように、私は日々、ルチャ・リブロの活動を通じて知り合った人達からの言葉に助けてもらっています。ナチス占領下で生きたユダヤ人の方々にとっての手紙と、比べるようなものではないかもしれませんが。それでも私はその都度、灯りが点ったように感じています。

例えば、「ぎなぎな」。一瞬何のことだか分からなかったのですが、三重県の一地域の方言で、「ゆっくり、力を抜いて」という意味なのだそうです。以前当館を訪れてくれて、その後ゆるやかに繋がり、ぽつりぽつりと手紙をやりとりしている方がしたためてくれた言葉です。耳慣れた言葉ではないけれど、何かおまじないのように心を暖めてくれる響きがあり、日々の中で煮詰まってくると「ぎなぎな」と唱えてスピードダウンするようにしています。この方からのお手紙は、詩を紹介してくださったり、手作りの小物入れを同封してくださったり、ご自身が今取り組もうとしていることを書いてくださったりしていて、受け取ると胸がいっぱいになるものばかりです。

他には、「命って重いものじゃないか」。これは、元々オムライスラヂオを聞いてくれていて、ひょんなことから仲良くなり、連絡を取り合うようになった友人が言ってくれた言葉です。私がある本に寄稿する原稿を書いたものの、「この内容、今までの読者からしたら重過ぎるんじゃないだろうか。こんなの求めてない、と思われないだろうか」ということが心配で、友人に文章を送りました。命や尊厳に関わる文章だったので、それを読んだ友人が先の言葉をかけてくれたのでした。「重くて悪いことなんてない。命って重いものじゃないか」と。そして、「こんなの求めてない、と思う人がいても載せるべきだ」とまで言ってもらいました。

それから、郵送で本を返却する際に、時々手紙を付けてくれる方がいます。一言「ありがとうございました。また伺います」と付箋に書いてくださったり、先日は学生さんが「ルチャ・リブロをレポートした課題が、教授にすごく褒められました」と書いてくださったり。当館で撮った写真を同封してくださったり、本を大切に梱包して返してくださったりする方もいます。

言葉を受け取ると、「灯りが点ったように感じる」と書きましたが、自分の中にはこんなイメージがあります。夜の海を、私達の船が航海している。その心許なさは、アクシデントから子ども達だけでイギリスのハリッジからオランダのフラッシングまで帆船・鬼号で航海することになる物語、アーサー・ランサム『アーサー・ランサム全集7　海へ出るつもりじゃなかった』（岩波書店）にも重なります。『海へ出るつもりじゃなかった』では夜の海を航海中、舵を取る少年・ジョンが灯船を見つけるシーンがあります。

あれはなんだ?

ずっと前の方のやみの中で、二度光が見えた。鬼号が波のてっぺんにのったときにだけ見える。ほら、また。ぴかっと光り、それから一呼吸後にもう一つ光る。それから数秒間くらやみだけになり、また、つづけて二回ぴかっ、ぴかっと光る。

灯船にちがいない。

（アーサー・ランサム『アーサー・ランサム全集7　海へ出るつもりじゃなかった』250頁）

言葉を受け取ることはこれに近い心地がします。夜の海は暗く広く、鬼号はぽつんと小さいのですが、灯船は子ども達に方角を示し、勇気を与えてくれる存在です。「ぼくは、あれにむかってかじをとってるんだ」というジョンの言葉がそのことをよく表現しています。ルチャ・リブロはぐんぐん航海しているように見えるかもしれませんが、そんなことはなく、たくさんの灯りに助けられて、今日も暗い海を何とか進んでいるのです。

2 クローゼットを開いて

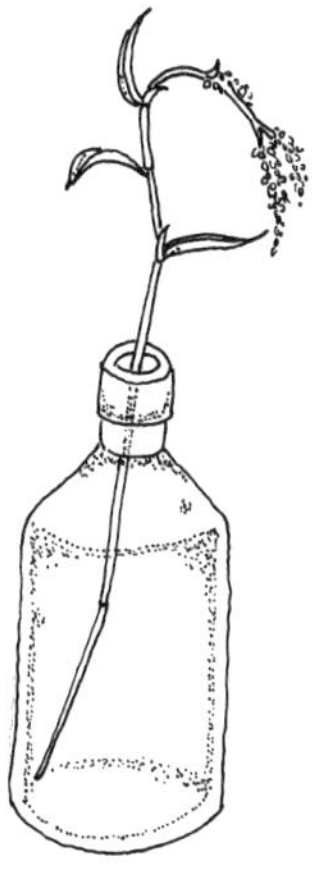

クローゼットの番人が、私設図書館を開くまで

学生時代、一人暮らしの部屋で、本棚をクローゼットの中にしまい込んでいたことをふと思い出しました。本を読みたい時はクローゼットを開けてわざわざ禁書を取り出しては読んでいました（もちろん本当の意味では禁書なんて無く、山崎ナオコーラ『長い終わりが始まる』（講談社）やモーリス・センダック絵『ミリー天使にであった女の子のお話』（ほるぷ出版）、佐々木マキ『やっぱりおおかみ』（福音館書店）等が収まっていました）。

そこから気がつけば今では、私蔵の本を一般に開放して閲覧・貸出に供しています。この間には様々なステップがあったはずで、その飛躍を埋める出来事を、記憶の底から拾い集めてみようと思います。

まず本棚をクローゼットにしまっていた頃は、国文学専修なのに、本を読むのが好きなことをそんなに人に知られたくなかったし、授業で古書を読むのも楽し

かったけれど、「そんなの自分くらいだ」と楽しいのを隠していました。これは中学、高校時代に周囲に本が好きな人がいなかったことによる発想だったのですが、この時代に大学で国文学を選んだ人達をもっと信頼できたら良かった、と後から悔やんだのでした。そういえば楽しさをひた隠しにしていたはずなのに、ゼミ仲間から「国文学がアイデンティティなの？」と尋ねられたのは珍奇な思い出です。

ただ、この頃小さな一歩を踏み出します。就活で迷走している時に、今の家人から、内田樹『疲れすぎて眠れぬ夜のために』（角川文庫）を貸してもらいました。わざわざ「きっと今の心境に合う内容だから」と持ってきてくれたことも、同世代の友人から本を差し出してもらったことも初めてでした。そこから少しずつ、本を貸し借りし合ったり、気楽にプレゼントしたりするように変わって行ったのです。金沢と大阪で遠距離になった期間も、イタリア語の勉強になるんじゃないかと思い、イタリア語の絵本を探してクリスマスに贈ったり（確か今でも書架にあったかと）、お気に入りの本を貰ったりもしました。

就活の頃、こちらがしんどいタイミングに「自分もこの本で楽になったから」

と素直に本を差し出してくれたことが、少しずつ私の心のクローゼットを開いてくれたんじゃないかと思います。

それからは、ルチャ・リブロの原体験と言っても過言ではないような期間に入っていきます。私が金沢から神戸に転職し、神戸・岡本で入籍して二人で古い文化住宅に住むようになったのです。ここには結婚式の余興の打ち合わせだ、たこ焼きパーティーだと何かと友人が訪ねてきてくれました（学生時代より、密な友人関係だった気がします）。友人各々の家からそこそこ近い立地もよかったのだと思います。緑のソファとちゃぶ台があって、皆が座るとぎゅうぎゅうになる居間には、押し入れの反対側の壁に大きな本棚がありました。ここではもう、蔵書を見られることへの抵抗感はずいぶん少なくなっていました。それどころか、友人と色々話して「それなら、これ読んでみたら？」とおせっかいをしてみたり、逆に友人の方から、「この本、ちょっと読んでみたい」と借りていくようになったり、本棚がすでに少し公共性を帯び始めているような状態でした。本を「ここに合うから」と置いていく友人もいたように思います。もちろん「借りた本、よく分からへんかった……」と外してしまうことも多々ありましたし、今もありますが。

私の中で、私蔵の本を一般に開放して閲覧・貸出に供しているルチャ・リブロは、この神戸の家の延長・拡大バージョンで、招き入れる人が少し増えたかな？という程度の感覚です。ですからご来館くださる方にもどこか親しい感覚を覚えていますし、閲覧室から賑やかな様子が伝わってくると、嬉しさと同時に言いようのない懐かしさを覚えているのです。

ただやはり変わっていない部分もあるようで……。はじめていらしたお客さんに書架をご覧いただくのは、正直とても照れ臭く勇気が要ります。お客さんが書架をご覧になる間中、そわそわしています。もちろんおくびにも出しませんが、頭の中がうるさいです。ですから、書架から本を引き出されて楽しげな表情をされていると心底嬉しいです。

こうして書架を開いていった経緯を明らかにしてみると、やはり本を通じた人との出会いが頑固で偏屈な私を変えてくれたんだなぁと改めて感謝したのでした（根っこが偏屈なので、ちゃんと感謝が伝わっているか甚だ疑問ですが）。しかもその変え方が「無理矢理変えよう」という感じでは全然なく、「これ楽しい、楽しいからもっとやってみたい」と自分の内側から思えるような方法で、それがルチャ・リブロ活動の原型ともなっているんではないかと思いました。そんな原体験があることが今に繫がっているし、何よりそんな宝物があることほど幸福なことはありません。ルチャ・リブロのいう「おすそわけ」は、本や場所、という目に見えるものもありますが、もしかしたらこうした体験のおすそわけでもあるのかもしれません。

幽霊の側から世界を見る

「ホラー物を、幽霊の側から見てるね」と言われて、はっとしたことがあります。人間と幽霊が対峙するホラー映画や小説で、無意識に物語が寄りつくのと反対側、川の向こう側の視点に立って観ていることが多いようです。

例を挙げるなら、映画『シックス・センス』。幽霊が見える少年・コールと、過去の仕事に後悔を抱えた小児精神科医・マルコムの交流を描いたヒューマンドラマです。コールの赴く先々に幽霊が現れ、コールはいつも青ざめて見ないふりをしたり、逃げたりします。こういう場面では多分コールの目線になって、一緒に怖がるものなのだと思います。ですが私は、この物語で「幽霊は互いには見えない」という設定が気になって、幽霊が出てくるたびそのことを思い起こしていました。三人並んで幽霊が出てくるシーンがあるのですが、「あ、この人達はお互いが見えないわけだから、一人きりでここに居るという自己認識なんだろうな。

もしかしたら隣に居る二人を探しているのかもしれないな」なんて考えていました。

スティーヴン・キング『シャイニング』（文春文庫）を読んだ際も、私はどうやらこれに近い見方をしています。映画でも有名な『シャイニング』は、山中の老舗ホテル「オーバールック」に、冬期休業中の管理人としてやってきた一家の物語です。一家の一人息子・ダニーは不思議な力〝かがやき〟（シャイニング）を持っており、この力に惹かれるようにしてホテルの中の幽霊達が蠢《うごめ》き始めます。この怪異の一つとして描かれるのが、すずめばちです。すずめばちはホテルの屋根に巣を作っていて、ダニー達一家を不気味に脅かす存在で、私はいつしかこのすずめばちの動向を注視していました。生者でありながら幽霊達の側にいるすずめばちが、どういう存在で何を思うのかに想像を巡らさずにはいられませんでした。

ホラーをホラーとしてストレートに怖がるためには、向こう側に対して圧倒的な他者性を感じる必要があると思います。ですが私は、向こう側を全くの別世界として切り捨てられず、むしろ向こう側に想像を巡らせる、もしくは向こう側だとすら思っていないようなところがあります。では何故、向こう側、幽霊の側から世界を見るのか。考えてみるために、私の経験したことを引っ張ってきてみましょう。

少し前に閉鎖病棟に入院しました。医療措置入院のような形ではなく、任意での入院でした。それでも入院前は判断が付かず、医師に病状を検討してもらいようやく入院に至りました。前に怪我で入院した時も人間模様を見つめていたけれど、今回も短期間ながら色々ありました。綺麗な声で歌いながら廊下を歩く女の子。普段はそんなことはないのに、週末になると怒声を吐き散らしていた男の人。ある時は深夜にも怒鳴っていました。その人は後に看護師さんに「男の声で（幻聴が）聴こえるんや。辛いわ。せめて女の人の声やったらなぁ」と漏らしていました。きっと怒りたくなるような言葉が聴こえているのでしょう。

真夜中に隣のベッドの子がしんどそうにしていて、心配になって「○○さん」と呼びかけたことがありました。私が「大丈夫？」と尋ねる前に、「うるさくてすみません、鎮痛剤が貰えなくて」とか細い声が返ってきました。うるさいと言いたいわけではなかったので「しんどいね。痛いの少しでもマシになると良いね」とだけ声をかけると、しばらくして寝息が聞こえてきました。

なんとなく、こうしたことが彼女を何より苦しめて、入院に至らしめたのではないかとぼんやり考えました。体調が悪く苦しんでいる人が、何故、少々の音や声まで気にして内に収めようとしなければならないのでしょう？　彼女に反射的に「すみません」と言わせてきた社会が、彼女の苦しみを作っている。そのことに社会が気づかなければ、多くの苦しみが救われないように思いました。

そういえば入院前に4人くらいの医療関係者に、「病棟には声を出す人がいるから、びっくりするかも……」と忠告を受けました。裏を返せば「多くの人は声を出さない」ということで、「声を出す人」「声を出さない人」と分けて、向こう側への共感を完全に絶ってしまった言葉のように響きました。彼らは「声を出す人」の背景を知っているはずですが、さながら幽霊に心を寄せない人みたいに。

私はこの忠告を聞いた時、心の中でつぶやきました。

「声がなんだ。自分を貶めるような幻聴が聴こえたら『うるさい、やめろ』と反論したって良いじゃないか。夜しんどかったから唸ったって良いじゃないか」

この経験からもう一度「何故、幽霊の側から世界を見るのか」と問うてみると、私にとっては、幽霊や大きな声を出す人がいることより、「あの人は幽霊。こっち側じゃなく、向こう側の人。何か叫んでるみたいだけど……」と自分の声を抹殺される方がよほど恐ろしいからなのだということが浮かび上がってきます。私は、いつ自分が物質的もしくは社会的に幽霊になるかが分かりません。誰だってひょんなことから向こう側に立つ可能性はある。絶対的にこちら側、人間の側に立ち続けられる自信なんてさらさらありません。だから、いつだって幽霊の側に思いを巡らすのかもしれません。それに、幽霊から見たら当方が「向こう側」なんですから。

当事者であること、伴走者であること

図書館員は、利用者の問題意識に沿って資料を探したり、探し方や問題の切り取り方を提案する伴走者であると思います。ですので、利用者の人生や希望に沿ってサービスを提案する福祉の分野にも、親和性を感じたりします。家人が福祉職で障害のある方の就労支援をしているため、よく「伴走者の当事者性」というようなことを話したりします（ここでいう「当事者」とは第三者ではない、という程度の意味合いです。問題意識に対し当該者として相対することです）。大学図書館に勤務していた頃、私は完全に伴走者として図書館業務に当たっていました。問題意識を持ってやってくるのは図書館を利用する方で、こちらは後から伴走してそれを支える、というイメージでした。ですが、ある時から伴走者も当事者であり、当事者性を持って伴走をするということも可能なのだと感じるようになりました。

一冊の本との出会いが、そのきっかけでした。北沢夏音『Get back, SUB! ある

リトル・マガジンの魂』という本で、神戸北野で季刊『SUB』というサブカルチャー誌を作っていた編集者・小島素治さんの軌跡を追いかけたノンフィクションです。著者の北沢夏音さんが古本屋で『SUB』を見つけ、夢中になるところから旅が始まります。私はこの本のことを、当時まだ神戸元町にあった海文堂書店でのイベントで知りました。イベント中パラパラ本をめくってみると、たまたま目についたページに、その時勤務していた学校法人の名前が出ており（小島素治さんの父が教鞭をとっていたのだそう）、びっくりしてご縁を感じたのでした。また、発刊が2011年10月で、生き方を模索していた私達にはとてもタイムリーな内容でした。作中で著者は、オルタナティヴを志向する独立系メディアの多くが72年、73年、76年を分岐点に相次いで撤退している等の時代背景に対して、以下のように述べています。

なぜ、こうもあっけなく〈今までとは違う暮らし方をしようとする若い人〉たちの文化は、十年ともたずに風化し、あるいは変節し、バラバラになってしまったのだろう。時代が変わったから——でも、本当にそれだけなのか？

（北沢夏音『Get back SUB! あるリトル・マガジンの魂』48頁）

この言葉は3・11後、新しい生き方を模索しようとするも、また以前と変わらない（ように見える）日常に巻き込まれていく私達への問いのように聞こえました。このような私自身の問題意識を、大学図書館という場で来館する人と共有してみたいと思いました。小島素治さんの父が当学校法人で教師をしていた他、大学のある場所から程近い北野で雑誌が作られていたことをとっかかりに、館員皆で検索に検索を重ねて『SUB』を半年ほどで全巻揃え、図書館の貴重書として迎え入れました。1970年代に神戸という地方都市で雑誌が作られていたのも珍しい事実だったので、当時の同僚も無茶なお願いにかなり協力してくれました。判型が小さい第4号が見つかった時には、図書館の事務室で歓声が上がりました。

この時に問題意識の当事者として図書館に向き合うということが、自分の中に芽吹いた気がします。自らの当事者性を提示しつつ、伴走することはできないだろうか。もっと相互に声を響かせ、疑問を投げかけ合って一緒に考えることはできないだろうか。私だって同じ社会を一緒に生きて考える主体で、当事者だ。気がつけば、そんな風に考え始めていました。

もっと相互に声を響かせ、疑問を投げかけ合って一緒に考えることはできないだろうか、という問いに対して、私達は私設図書館を作って書架を開く、という答を出した、もしくは新たに問い返したとも言えるかもしれません。ルチャ・リブロでは、私蔵の本を付箋を貼ったままオープンにして、訪れた人に問いかけ、話しかけるような形を取っています。本の力を借りて行うので、とても小さく微かな呼びかけではありますが。それに対して「もっと知りたい、考えたい」という方がいれば、様々な視点から本をご紹介したり、調べ方をお伝えしたりして「もっと知りたい、考えたい」という希望に伴走します。考えてみれば、利用者と同じ時代、社会に生きて考えている中で、完全に当事者性を消した伴走というのは存在しないような気がします。少なくとも私自身のケースでは、自らの当事者性を発見することによって新しい伴走の活路を見出し、風通しの良い参考業務(※)を行えるようになりました。当事者であることと伴走者であることは決して矛盾することではない。むしろ自らの当事者性、問題意識をひらくことで、より豊かな伴走を行うことができるかもしれない。振り返って、そんなことを思い起こしたのでした。

※　利用者が学習・調査・研究を目的として資料・情報を求めた際に、図書館員が資料を案内したり、資料に基づき回答する業務。

絶対あると思って探しに行かないと見つからない

夏の日差しを感じると、大学図書館で働いていた頃の曝書休館（蔵書点検を行う休館期間のことをこう呼んでいました）、そして灼熱の蔵書点検を想起します。思えば蔵書点検ほど、物としての本を意識する時はありません。私は普段は本を情報として幾分観念的に捉えているところがあります。図書館では本の一部をコピーしてＩＬＬ（Inter Library Loan。図書館間協力、相互貸借）でやりとりしたり、電子ジャーナルでの閲覧をご案内したりしていたことが根底にあるのかもしれません。それがひとたび資料データと現物を突き合わせるというタイミングになれば、一気に図書館は具体的な場に、本は物体になるのです。特に、夏の曝書休館中に行う蔵書点検。「蔵書点検」について簡単に説明すると、データ上の資料（所在）情報と、実際に書架にある資料が一致するかどうか調べる作業です。この時は図書館はそこはかとなく冷房が利かない（いつかの夏は、なんと冷房が壊れていた）大きな箱になるし、本は段々片手で引き出しにくくなるただの重い紙の束に成り下がってきます。書架の左から右、上から下まで一冊一冊の資料バーコードをハンディリーダーで読み込んで、そのデータをパソコンに吐き出して照会する、というとても地道で膨大な作業を、館員同士交代しながら行います。作業が進むにつれ、書架の上下を移動してバーコードを読み込みという作業が足腰に響いてきます。本の背に貼った請求図書ラベルの二段目、著者記号はアルファベット順なので（これは図書館によって異なります。分かりやすいようカタカナにしているところもありますが、元勤務先では著者記号表を使い、アルファベットでした）、疲れてくると段々並びが分からなくなり、夕暮れの館内で館員各々がアルファベットの数え歌を歌うという珍場面もありました。

蔵書点検ほどではありませんが、所在不明本の探索も、本を物として強く意識する一場面です。図書館の書架は分類記号、図書記号、巻冊記号などからなる請求記号によって左から右、上から下に並んでいます。ですが、時々何らかの原因によってこの正規の並びから外れ、書架の中で迷子になってしまう本があります。正式な並びにある時は難なく出会えますが、ひとたびそこを外れると、川の中から小石を一つ見つけるような作業になります。

所在不明本の探索について、私は一冊一冊の本の請求記号やタイトルを見ていくことはせず、何となく視界をぼやっとさせて全体を見る、ということを心がけていました。そうすると、目の端に求めていたタイトルが浮かんでいることがあるのです。また、司書歴の長い同僚の方は、「絶対あると思って探しに行かないと見つからない」と言っていました。これは本当にその通りで、請求記号通りの場所に並んでいても、資料の形式が紀要のような形やバインダーなど一般書と異なると、新米の職員さんがどうしても書架から見つけられないなんてこともありました。古参の職員は「絶対ある」という確信が経験によって重なっていくので、見つかる確率も上がっていきます。資料に対してとことん具体的に接する姿勢が、様々な業務経験の中で醸成していくのかもしれません。

ルチャ・リブロも実際の場ではありますが、「絶対あると思って探しに行かないと見つからない」ということが、どことなく当てはまるのではないかと思っています。当館では開館日に、「人文系私設図書館 Lucha Libro」と書いた足場板製の看板を林の木に立て掛けています。ところがたびたび「ここは古民家カフェですか?」と聞きにこられる方もおられるし、「私設図書館ってどういうことですか? 経営はどうしているんですか?」と色々尋ね、「自宅を開放した私設図書館なので、経営という形では運営していません」とご説明するも、どうしても納得できないご様子の方もおられます。「館内や、本のラインナップも見てみられたら良いのにな」と少しばかり寂しく思いつつ、そんな背中を見送っています。多分こういうケースは、一般書を書架に探しに行ったつもりが紀要のような形やバインダーが並んでおり、それと認識できない、見つからない状態と似ていると思います。その方の中の「図書館」のイメージと当館が違っていて、カフェやお店だと考えたり、どうしても「図書館」として理解することができなかったり。具体的に、ここは私設図書館ではあるのですが。そう考えるとルチャ・リブロは、「ここは絶対図書館だ」というギミックを共有する人でないと見つからない、図書館として書架に辿り着けない隠れ里のような場所なのかもしれません。東吉野村の谷底にある築約70年の古い家を「図書館です」と言い始めたのは私達ですが、そのギミックを信じて足を運んでくれる来館者がいてこの場が成立しているな、と感じます。そういう意味ではルチャ・リブロは実在の場でありつつ、観念で成り立つ場でもあるのではないでしょうか。だから、「絶対ある」と思って、視界をぼやっとさせて全体を眺めてみてください。そこには古い家に物としての本を詰め込んだ図書館が、見えてくるかもしれません。

探求のお手伝いが好き、レファレンスブックが好き

学生時代、国文学を専攻している中で、とても好きな講義がありました。近世国文学研究者の長谷あゆす先生による近世文学の講義でした。書かれている物語の筋だけでも楽しめるけれど、様々な鍵を使って扉を開くと、最初に見えていたのとは全く異なる景色が見えてくるというような内容でした。鍵は同時代に起きた騒動であったり、俳諧にまつわる知識であったり、漢詩の素地であったり。鍵が開いて扉の向こうに光が見える感覚が心地よく、その感覚を求めて気がつけば大学の図書館に通い、レファレンスブック（辞書や事典をはじめとする参考図書）を漁っていました。

ある日の講義に、『西鶴名残の友』が登場しました。『西鶴名残の友』は俳諧師としても名高い井原西鶴による諸国雑話、虚実を織り交ぜたお話集で、まさに鍵を持って物語と対峙すると、扉が開くような作品だと思います。この中の巻四

の四、「乞食も橋のわたり初《ぞめ》」を講義で扱いました。かなり粗く筋を説明すると、西鶴が家で過ごしていると、江戸の俳友・宝井其角が訪ねてきて、俳諧をしようと言い出すのも忘れて話に夢中になりました。その後西鶴が河内国八尾《やお》に出かけ、河岸に乞食（原文ママ）の集落をみとめます。ちょうど米寿の乞食が、橋の渡り初をしていました。彼らの中から色白の乞食が現れ、木に上り枝にかかった塵を探していました。西鶴が理由を尋ねると「鴻の巣には笙の舌を湿らす石があると伝えられているので、それを探している」と言い、見事に秋風楽の調子を吹いて見せました。西鶴は「人はわからぬもの。乞食に氏はないというが、あれは極楽の乞食に違いない」と考えます。長谷先生は、この場面と同様のイメージを意識したとおぼしき西鶴の句が『西鶴独吟百韻自註絵巻』という作品の中に存在することを引きながら、この乞食が中国の漢詩人・白居易（白楽天）になぞらえられていると指摘されていました。『西鶴独吟百韻自註絵巻』には『西鶴名残の友』「乞食も橋のわたり初」で色白の乞食の様子を語ったのと同様の表現（塵の中から様々集める、笙を湿らすのに大鳥の巣にある石が良い、笙を吹いて秋風楽……等）が登場する箇所があり、それらは「林間に酒好き老人」というキーワードに紐づき、「酒好き老人」

が秋の景物に興じている情景が浮かび上がります。「林間に酒好き老人」が、白楽天のことを指すといいます。白居易（白楽天）による詩文集『白氏文集』には、「林間暖酒焼紅葉　石上題詩掃緑苔」（白楽天が仙遊寺で紅葉を焚いて酒を温めた思い出）という有名な一節があり、西鶴がこの一節を念頭に「乞食も橋のわたり初」を編んだことが窺い知れるのです。こういう調子で、一つずつ書物によって鍵を開けていくと、淡々と日常に起こった出来事を綴ったように見える物語が、全く違った様子に変わっていくのが面白くてたまりませんでした。西鶴からウィンクされたような気すらしましたし、その鍵を持っている長谷先生が魔術師のようにも感じられました。

この講義を受けながら、私はふと白楽天と重なる乞食は、前半に登場した宝井其角とも三重に重なるのではないかという考えを弄び始めていました。講義が終わった後、長谷先生にその考えを伝えると（今思うとエビデンスも無しになぜ伝えに行ったんだと思いますが）、「面白いね。その考察を裏打ちする文献が出てきたら良いね」と仰いました。この言葉を聞いて、その頃、国立国会図書館のデジタルコレクションや大学図書館で引くことを覚えた『古事類苑』を試しに当たってみようと思い立ちました。『古事類苑』は、明治〜大正期に編纂された日本最大の百科史料事典です。1879年（明治12）から編纂が開始された後、紆余曲折を経て35年の歳月を費やし、1914年（大正3）に完成しました。現在の百科事典のようにある事項についての解説が載っているのではなく、その事項について取り扱う史料（平安時代初期「六国史」〜1867年（慶応3））を紹介しているのが特徴です。索引や目録の見方が最初は分からず慣れるまで格闘しましたが、慣れてしまうと本から本へ次々と窓が開いて景色が見えるような快感があり、すぐにこのレファレンスブックに夢中になりました。

索引から「其角」を辿ってみると、宝井其角が酒好きで知られていたという記述を含んだ史料が紐づいていました。後日、このまぐれの検索結果を長谷先生に伝えると、「こんな風に文献を当たってきた学生さんは初めてだ」と仰ってくださいました。その後先生の研究をまとめたご著書『「西鶴名残の友」研究　西鶴の構想力』（清文堂）を出版された際には、注釈の中で「其角が酒好きの俳諧師として知られていたことについては、堀田（旧姓）海青子氏から御教示を賜った」と触れてくださいました。この出来事を思い出して書くのに、久しぶりに『「西鶴名残の友」研究　西鶴の構想力』を書架から取り出したら、該当の注釈の箇所には紙の付箋が貼ってあり、赤線まで引いてあって大変面映ゆくなりました。よほど嬉しかったんだなあ。本当にただの偶然だったのですが、「誰かの探求のお手伝いって、なんて楽しいんだ」「レファレンスブックが好きで良かった」と舞い上がって、探求のお手伝いやレファレンスブックを愛したまま、風に吹かれて東吉野までやって来たように思います。今、誰に頼まれなくても図書館を勝手に名乗り、探求のお手伝いを続けられている（と思っている）要因の一つには、この長谷先生との幸福な思い出があるのではないかと感じています。学生の無根拠、無謀な考察に対し、「面白いね。その考察を裏打ちする文献が出てきたら良いね」と声を掛けてくださった先生の言葉に、今でも感謝し胸に刻んでいます。

カーテンに映る影

２０１５年、当時住んでいた兵庫県西宮市で、全身の骨折により入院しました。他にも入院歴はありますが、入院「生活」と呼べるくらい長かったのは、この時だけです。アスファルトの照り返しや湿気がまとわりつく中、集中治療室に入り、一般病棟に移ってリハビリを終える頃には、窓外に雪が散らつくようになっていました。振り返ってみれば、３ヶ月半、その年の４分の１を病院で過ごしたことになります。

病院の地階にある集中治療室にいた頃は、首を固定するハローベストを着けていて、自分で半身を起こすこともできず、気持ちも落ち着きませんでした。そんな中で、本に手を伸ばすこともありませんでした。寝たきり状態で寝返りを打つこともできないため、複数の看護師さんが定期的にやってきて、「せーの」と私の体勢を変えてくれていました。シャンプーや歯磨きも、看護師さんにしてもらっていました。その頃楽しみだったのは、横になった体勢のままリクライニング式車椅子に乗り（これも移動してもらっていました）、病室の外の吹き抜けに連れ出してもらうことでした。吹き抜けからは病院玄関の植え込みが見え、風や光も入ってきました。「木々の葉が綺麗だ」とか「風が気持ちいい」とか感じると、「自分にも、まだ好ましいことが感じられるんだ。人間らしいことを感じるんだ」とどこかほっとしたことをよく覚えています。同じ時期に集中治療室には色んな患者さんが出入りしていました。自分のお腹を刺した人、「痛い」と叫び続ける女の子、酩酊して運ばれてきた男性……。お腹を刺した人は軽傷で済んだようで、隣のベッドから搬送された翌日に一般病棟に移っていきましたが、集中治療室を去る時、わざわざ私にも「良くなりますように」と声をかけてくれました。「痛い」と叫ぶ女の子は、痛くない時、きゃりーぱみゅぱみゅの曲を楽しそうに聴いていました。酩酊していた男性は、目を覚ますと看護師さんに丁寧にあいさつしていました。集中治療室に運ばれるような状況にあっても、その人らしさが顔を出すんだな、と何となく心がほころびました。

1ヶ月間の集中治療室入院を経て一般病棟に移り、ハローベストも外れ、ベッドで座ったり寝返りを打てるようになってきました。一般病棟に移って割とすぐ一人で寝返りを打ったのですが、それを見つけた看護師さんが「わあ！　寝返り、一人で打ったん？」と感嘆したことをよく憶えています。寝たきり状態を脱却すると、少しずつ視界も開けてきて、本が読みたくなりました。そうして家人にお願いしてJ・R・R・トールキンの『指輪物語』（評論社文庫）を持ってきてもらいました。冥王の力を閉じ込めた指輪をめぐるファンタジー作品で、学生時代に読んだことがありましたが、読み直してみようと思いついたのでした。著者のトールキンの半生を描いた映画『トールキン　旅のはじまり』の冒頭で、ゾートロープ（回転灯籠）が作り出す影が壁に映る幻想的なシーンがありますが、病室で本を読み始めた私には、ベッドの四方を囲むクリーム色のカーテンに物語の影が映し出されるように感じました。ままならない心と体を抱えて読み始めた『指輪物語』は前に読んだ時より一層、恐ろしい指輪の力が重くのしかかり、旅を妨げる様子がリアルに感じられました。以前は深く意識しなかった登場人物達が感じている旅の果てしなさ、倦み疲れる心、踏み出す一歩の重さが迫ってきて、旅人の身体の重みや指先の冷たさに触れたような気すらしました。病院には自分だけでなく、心と体がままならない人ばかりが時を過ごしています。同室には、「次の転院先に行ったら、私はおかしくなってしまう」と言って、亡くなったご主人の写真を大切に持っている女性や、お見舞いに来た姉妹を詰り続ける女性、手術の失敗で入院し続ける奥様のベッドに、一日中付き添う男性がいました。この人達の姿と、重たい体を運ぶ物語の登場人物が重なるような気がしました。

そんな風にカーテンの中で本を開き続ける内、読むものが手元に無くなってきました。お見舞いの時に家族に持ってきてもらったり、口のリハビリ担当の言語聴覚士さんが貸してくれていたりと充実していたのですが、それでも読み終わってしまうことがあり、ぶらっと病院の売店を冷やかしに行くこともしばしば。売店を冷やかしに行く頃には私の可動性はすっかり向上しており、リクライニング式車椅子から通常の車椅子を経て、松葉杖をついて移動できるまでになっていました。病院の売店に置いてある本は週刊誌やスポーツ新聞、文庫版の時代小説等がメインなのですが、時々番狂わせなラインナップが混ざっており、それを見つけるのが好きでした。ある日、見つけてびっくりしたのは、角川文庫の愛らしい装丁に包まれた夢野久作『瓶詰の地獄』。文庫本を手に取り、頭の中で色んな考えを忙しく巡らせていました。

(古典作品が置いてあるのは嬉しいけど、夢野久作は刺激的過ぎない？)

((病院が舞台の物語『ドグラ・マグラ』を想起して) 病院と夢野久作、相性良過ぎない？)

(あ、やっぱり『瓶詰の地獄』の中にも、病院を舞台にした剣呑な話、収録されているじゃないか……)


なんてごちゃごちゃと思いを弄びながら、以前は遠い世界にあるもののように感じていた夢野久作が映し出す濃い影を、案外楽しんでいたのでした。表題の作品「瓶詰の地獄」を始め、その頃は刺激の強さや狂気をはらんだ内容が意外とあっさりと心に入ってくる気がしました。街中のカフェでこれを読んだら異質で異常に感じたかもしれませんが、ままならない心身を抱えた人達の中では「誰しも病み、倦み疲れ、心の均衡を失うことがある。それはそんなに遠い世界のことではない。ここには、本当のことが書いてある」というような気持ちになりました。

入院中こんな風に感じた経験から、今でも何かの用事で病院に赴くとどこか少しほっとする自分がいます。休職して大怪我をする前、街中は私にとっては恐ろしい場所でした。皆が正常で、健康で、行く先もはっきりしていて堂々と闊歩しているように見えて、どこかに逃げ込みたくなったものでした。病院の中では、その感覚はありません。ゆっくり歩いても、多少不思議な言動をしても、特別注目されることもなく、皆それぞれのままならなさを了解し合っているように見える。私はそんな病院の片隅で、物語の映し出す影を通して、クリーム色のカーテンの内外に広がる影、本の中、外に表れ出る人間のままならなさを見つめていたのかもしれません。

すべてが普通の病院と様子が異っていた。受付で尾田が案内を請うと、四十くらいの良く肥えた事務員が出て来て、

「君だな、尾田高雄は、ふうむ。」

と言って、尾田の貌を上から下から眺め廻すのであった。

「まあ懸命に治療するんだね。」

無造作にそう言ってポケットから手帳を取り出し、警察でされるような厳密な身許調査を始めるのだった。そしてトランクの中の書籍の名前まで一つ一つ書き記されると、まだ二十三の尾田は、激しい屈辱を覚えると共に、全然一般社会と切離されているこの病院の内部に、どんな意外なものが待ち設けているのかと不安でならなかった。


(北條民雄『北條民雄集』17-18頁)

これは19歳でハンセン病を告知され、全生病院に入院しながら筆をとった北條民雄『北條民雄集』（岩波文庫）収録の小説「いのちの初夜」の一節です。お客さんから誘ってもらった読書会で、この一節について私が言及すると、読書会メンバーの方が、「何気なく書かれていてサラッと流してしまいそうだけれど、これってものすごい暴力性を内包するエピソードですよね」と指摘されました。私はこの言葉にゲンコツを喰らったような気になりました。

「いのちの初夜」の主人公・尾田は、この後看護婦に「消毒するから」という理由で荷物を引っ掻き回され、風呂に入れられ更に屈辱を感じます。そして、風呂や消毒はないものの、本の検閲や荷物を点検されるという出来事は、私が以前精神科の閉鎖病棟に入院した際にも経験したことでした。もちろん理由は「消毒」ではなく、患者の自傷、自殺予防や治療の妨げにならないよう、というようなことでしたが、そのことをしっかり説明されたわけでもありませんでした。ロープ状のものは没収され、尖ったものも同様でした。歯磨き用に持って行ったフロスピックは、尖ったところを全部切られて戻ってきました。

読書会の折にゲンコツを喰らったように感じたのは、目の前で荷物を開けられ、「本は先生の許可が降りてから」と書籍が一時預かりになった時、どことなく正常性バイアスのような感覚を持って、自分を納得させたことを思い起こしたからでした。「こんなのは大したことない。想像の範囲内だ」と。そして今の今までそのことを封じ込めて忘れようとしていたことに、はたと気づいてしまいました。けれどそこには「ものすごい暴力性」が存在していて、管理する側とされる側の間に消しがたい線が引かれる瞬間だったのです。

私は目の前に管理する側によって線が引かれた時、何もしませんでした。むしろそれを積極的に受け入れるような気の持ちようすら示していました。そのことが暴力性を是認し、暴力性を内包した場を強化したり、一緒に構築してしまうような行為だったのだと、後の読書会の時に知らされたような気がしました。本を没収されたことにもっと反発したり、悲しんだり怒ったり、きちんと反応すべきだったと。私がそのことを黙って物分かり良さそうに飲み込んだことで、その暴力性が後から来る他の誰かにも向かうのではないかというところまで、想像を巡らせるべきだったと後悔しました。

持っていった本は結局、短い入院期間中、「先生が不在だから」と中々戻ってきませんでした。荷物検査から1日2日経ち、ナースステーションに「まだ本を返してもらえないんですか」と尋ねにいったところ、「じゃあ、本当は先生の確認がいるんだけど」という感じで5冊の本が差し出されました。私はその後、あっという間に5冊を読んでしまいました。一時預かりにならなかったものの中には、友人が製本してくれた美しい布装のノートがありました。本が戻って来る前は、このノートにベッドの周りを囲むカーテンのスケッチや、ひたすら曲線を描き込んでいますが、本が戻って来てからは、本の一節をメモしたものが並びます。アウシュヴィッツを生き延びた化学者プリーモ・レーヴィ『溺れるものと救われるもの』（朝日文庫）の一節ばかりです。「人間は、人類は、つまり私達は、計り知れない苦痛の大建造物を作り上げる能力があることを示したのだ。苦痛とは支出や労苦もなしに、無から作り出せる唯一の力である。何も見ず、何も聞かず、何もしなければいいのだから」（110頁）という箇所をメモしているのはとても皮肉で、「私は自分の仕事からある習慣を身につけていた……偶然が自分の前に運んで来た人間達に、決して無関心な態度を取らないという習慣である」（181‐2頁）

という箇所は今一度心に刻みつけたいと思いながら、ページをめくります。彼は本書で、自らのアウシュヴィッツでの体験やその後生きていく中で感じたことをしたためました。そして本書刊行の1年後の1987年に、自死しています。

ナチス・ドイツは1933年、反ドイツ主義の本をベルリン・オペラ広場で焚書し、数年後にはその暴力性を直接人々に向けるようになったといいます。「何気ないことだからサラッと流してしまいそうだけれど、実はものすごい暴力性を内包している」ことを是認してしまう恐ろしさを、自らももっと身に刷り込まねば、また、知ってもらわねばと感じます。その局面に立たされた時、私のようにそうと気づかずぼんやり通り過ぎ、後になって取り返しのつかない後悔に身を焼かれないためにも。

光の方へ駆ける

記憶の糸を辿って潜ってみると、偏屈で人と交わるのが不得手な子どもの私が、やっぱり本やその周辺にかじりついて過ごしている景色が浮かび上がってきます。担任の先生が時折、子ども達に詩を書く機会を与えていたことがありました。その中からいくつかピックアップしてプリントにまとめ、それを皆に配っていました。私は詩を書くのが好きだったので、このプリントの常連でした。いつだったか、雨の音、呼吸、鼓動と時計の音が重なり合うような「雨の日の時計」というタイトルの詩を書き、「雨の日の時計の音を聞こう」と締めくくって、それがプリントに載ったことをよく覚えています。プリントに載ったクラスメイトの作品を読むのもすごく好きで、直接話すより、きちんとその人と向かい合ったような心持ちを覚えていました。人や世界との回路が繫がる感覚が常日頃希薄だったけれど、詩や俳句（私が小学生時代を過ごした兵庫県伊丹市は、俳人・上島鬼貫の出身地で、俳句を作る機会が沢山ありました）、読書感想文だけは時々その回路になってくれるようなところがありました。

高校生にもなると少しは人と交われるようになりましたが、本質的にはやはりどこかぽつねんと毎日を過ごしていました。そんな中、時々回路が繋がったと感じるのは、現代文の時間だったように思います。私の学年を担当していた国語の先生はお二人いらっしゃって、一人は厳しいことで有名なO先生、もう一人は穏やかで芸術家のような一面のあるW先生でした。私はどちらの先生も深く印象に残っていて、今でも授業の思い出がふと浮かんでくることがあります。

O先生の授業は緊張感のあるものでした。作品についての解釈を生徒に尋ね、的が外れた回答をすると、はっきり「違う」と仰いました。先生と解釈が違う、ということではなく、文章から読み取れる中でその解釈が成り立つかどうかを見ているように思いました。私も、転生を描いた夏目漱石「夢十夜」第一夜の解釈について「終わりは始まりである」というようなことを辿々しく書き連ね、「面白いが、言葉足らずである」という評をいただいたような気がします。ある時、三好達治の詩「雪」をO先生が授業で扱ったことがありました。その解釈について、私の中に「こういう風にも考えられるのではないか」というアイディアがあり、職員室までO先生を訪ねて議論をしました。「雪」は「太郎を眠らせ、太郎の屋根に……」という冒頭から始まり、雪が降りしきる夜の静けさと、その中の家々で眠る人々の温かい情景を描いた作品ですが、私は当時「眠る」という表現が生の終わりが静かに、誰にでも平等に訪れるということのメタファーなのではないかと考え、自分なりの解釈をO先生にぶつけました。O先生は拙い生徒の議論に正面から応じてくださり、そのこと自体がとても心丈夫だったことをよく憶えています。

もう一人の国語の先生、W先生とは、最近友人を介して再会し、ルチャ・リブロにもご来館くださいました。今は教職を退かれて、楽器を演奏したり、紙芝居を上演したりなさっているということ。W先生のご自宅に、友人と一緒に遊びに伺った時には、お手製の紙芝居を上演してくださいました。そんなW先生の授業で印象深かったのは、ある詩人が次第に追い込まれ、虎に変じて友と再会する物語、中島敦「山月記」の紙芝居を作ったことでした。皆が紙芝居を作るわけではなく、いくつかのグループに分かれて課題を選ぶ、という形の授業で、私のグループが紙芝居作りを選んだのでした。時間も限られた中だったので、重要な場面（というか正直、描けそうな場面）のみの、枚数の少ない紙芝居になりました。それでも動物図鑑を見ながら大きな紙に虎の下絵を描き、アクリル絵の具での着色を皆で手分けして、結構真剣に取り組んだように思います。「山月記」は、自分に閉じこもって人と真には交わらず、暗い情熱ばかり蓄えている私にとって、「このままでは、お前も虎になるぞ」という事実を突きつけてくるような恐ろしい作品でもありました。最近では「境を超えて、向こう側に行ってしまうこと」に対する畏怖が薄れてきて、虎になったって戻ってこられるという気もしますが、当時は怖くて仕方ありませんでした。今でも山の斜面を見ると、時々、山に駆け入っていく主人公の詩人・李徴の姿を思い浮かべます。その恐ろしさ、作品としての普遍的な強さが、欠片でも良いから何とか画面に表れ出ないかと、必死で筆をふるったものです。W先生と再会して本当にびっくりしたのですが、なんとW先生は教員を辞した今も、この時の紙芝居を大切に保存してくれていると言うのです。ご自宅に伺った折に、綺麗に保管してくださっていたのを見せてもらいました。奇しくも私は、再会の物語と再会したのです。あの頃必死でふるった筆跡が、そのまま浮き上がって時間が止まっていました。本やその周辺部にかじりついていた私が、筆の跡を道にして、光の方に駆け入ったような気がしました。

窓外に見えるもの

２０１５年、怪我での入院中に携えていたスケッチブックが押入れから出てきたので、赤い布製の表紙を開いてみました。湿気で中身がだめになっていやしないかとドキドキしながら開きましたが、病院での静かな時間を閉じ込めたように、白い帳面は元の姿を留めていました。遠くに見える街のぼんやりとした風景のほかに、繰り返し描かれていたのは病院の廊下の窓から見えるクスノキや街路樹のハナミズキでした。鉛筆の薄い線で写し取られ、水彩絵の具で色づいた木々の姿を眺めていると、ふと梅崎春生の言葉が頭をかすめました。

何故此のやうに風景が活き活きしているのであろう。

（梅崎春生「桜島」『桜島　日の果て　幻花』講談社文芸文庫、52頁）

福岡出身の作家・梅崎春生が海軍での経験を元に筆をとった「桜島」は、坊津に赴任していた主人公・村上兵曹が、死地・桜島に向かったものの、特攻出撃前に終戦を迎える、という物語です。出撃を覚悟し張り詰めていた糸が切れて、心の均衡が崩れかけた上官・吉良兵曹長との緊迫した時間が深く印象に残る作品です。上記の「なぜ風景が……」の言葉は、村上兵曹がゆったりと過ごしていた坊津から離れる時、改めて坊津の風景を目にして浮かんだ言葉でした。高校生の頃、教科書に出てきた「桜島」のこの一行を読んで、坊津の鮮やかな景色を一目見てみたいと思ったものです。けれど恐らくその時私が坊津を訪れたとしても、「桜島」の主人公ほどには風景を生き生きしたものと感じなかったでしょう。けれど病院で、私は確かに村上兵曹が坊津に見たのと同様の風景を窓外に見ていたように思います。ではその頃の私は、窓の内にはどんな風景を眺めていたのでしょうか。

入院中、隣のベッドになったおばあさんは、日中はお連れ合いが来ていて、お話しされるなどして落ち着いた様子でした。お連れ合いはとても優しく、おばあさんの食欲が湧くような手土産を持ってベッドを訪ねていました。夜になってご家族が帰られ、就寝時間になるとその方は、寂しくなるのか「お父さん」とずっと呼びかけていました。「お父さん、背中かいて」「お父さん、お腹すいた」というような何気ない言葉から、夜が深まると段々「お父さん、死にたい」「お父さん、助けて」という切羽詰まった言葉に変わってくるのでした。

向かいのベッドのおばあさんは、しゃんとしてお洒落な方でした。亡くなったお連れ合いの写真を持ち歩いているようで、時々看護師さんに見せていました。看護師さんが写真をのぞいて「お父さん、かっこええや〜ん」と言うと、その時はとても嬉しそうでした。体調のこともあって自宅での生活に戻るのは難しいようで、転院を繰り返していました。看護師さんに「次の○○病院には行きたくない」「○○病院に行ったら、私はおかしくなる」と話していました。おばあさんの下には時々お見舞いの人が来ていました。その男性は親族の方らしいのですが、何故だかいつもおばあさんに怒っているようでした。「○○病院には行きたくない」という訴えに対しても「わがまま言うて煩わして、ほんまに」と吐き捨てて、おばあさんはただ口を結んで黙っていました。おばあさんとの間に色々な出来事があったのかもしれないな、と感じる反面、お連れ合いの写真をお守りのようにしている様子を思うと、喉が詰まるような感覚に陥るのでした。

窓際のベッドの傍には、朝食の頃になると既に座っているつきそいの男性がいました。Sさんです。Sさんは動けず、話せなくなったお連れ合いにずっと付き添っている方でした。とても真面目で親切な方で、同室の入院患者にも気を配ったり、時には話を聞いたりもしていました。私もリハビリで怪我して以来はじめて杖をついて立てるようになった時は、「これから、どんどん良うなるで」と声を掛けてもらいました。そんなSさんがある時、奥様の体が悪くなった経緯をぽつりぽつりと話してくれたことがありました。脳の手術が失敗したのだと仰っていました。

「手術を嫌がっとったんや。けど、僕は先生が手術するというから、なんとかなだめて、同意書にサインもしてしもうた。あんなに嫌がっとったんに」

声を掛けてもらったのに、私はSさんに何も言えませんでした。ただ、毎日朝から暗くなるまで奥様の側にいるSさんの日々の姿が、重なって一つになったような気がしました。

繰り返しになりますが、私は本を「窓」のようだと常々思っています。扉のようにすぐに別の世界に繋がる装置ではないけれど、今ここ、例えばこのクリーム色のカーテンが覆う病室とは違う世界、日が当たり、クスノキが力強く枝葉を伸ばす「桜島」に出てくる坊津のような景色があると教えてくれるのが「窓」なのです。この例えを人に伝えると、「いや、本は扉だよ。ちゃんと扉にもなるよ」という反応をもらう時があります。それもそうだと納得しつつ、では、私が本に持っている「窓」のイメージは、どこから来たのだろう、と考えている時に、たまたま先述のスケッチブックを見つけたのでした。本と出会った頃の私、子どもだった私は、病院で出会った人達や入院している自分自身と同じで、「他の場所へは行けない、隔絶した世界にいる」という感覚を強く抱いていました。うまく意思の疎通がはかれない家庭や学校の中で、それでもここで何とかやっていかなければならない、という閉塞感を感じていました。だからこそ窓外の景色に強く憧れ、「桜島」の村上兵曹のように「何故此のやうに風景が活き活きしているのであろう」と感じ、そこに見える木々の枝葉一つ一つを必死に写し取ったのだろう、と入院時の自分と、本を読み始めた頃の自分を重ね合わせて思います。そしてそのことが、当時の私を救ってくれたとも感じます。「窓外の景色」はすぐに外の世界に飛び出していける扉に比べたら見劣りするかもしれませんが、その部屋から出ていけない人にまで働きかけるのだとしたら、それは凄い力を秘めたものなのではないでしょうか。私は今では扉を開けて色んな場に出ていくことができますが、心の中には子どもの頃の自分や、あの病室の人達が座しています。窓外の活き活きとした風景が、どうか彼らを照らしてくれますように。

大学図書館に勤めていた頃から現在まで、図書館に来た人をうまく支援できなかったな、と思いを残すことがしばしばあります。その方の望むような本を見つけてこられなかったことや、すれ違いがあって来館されなくなってしまった方、寄贈を断ったらショックを受けてしまった方など、様々なケースがありました。その中には困難を抱えるあまり、周りが見えにくくなっていた方なども恐らくいらっしゃって、「もっとできることがあったんじゃないだろうか」とか「伝えるための工夫が足りなかったんじゃないだろうか」と考え出すと、なおさら後悔が募るのです。本来支援が必要な人ほど、（支援者側から見ても、当事者側から見ても）うまく支援に繋げない、繋がれない。こんなことを考える時、開きたくなる本があります。鈴木大介『脳は回復する　高次脳機能障害からの脱出』（新潮新書）です。著者でルポライターの鈴木大介さんは41歳で脳梗塞を発症、リハビリを経て日常に復帰しましたが、今度は高次脳機能障害の症状に悩まされることになります。本書は、気になるものから視線が外せない、気持ちの切り替えがうまく出来ない、人混みを歩けないなどの困難を抱えながらも、どのように飛躍的な回復を遂げたのか、その過程を時に正面から、時に奥様とのクスッと笑ってしまうような日常の視点から伝えてくれ、病、障害とともにあることについて深く潜っていけるような一冊です。この中で、「若者の貧困」を取材してきたルポライターとして、鈴木さんの取材対象者の話が出てきます。

多くの当事者を取材するなかで辿り着いたひとつの結論が、「一番困っている人たちは見えないところにいる」だ。苦しいです助けて下さいと声に出し、適切な相手に伝えることができる人は、まだ良い（良くはないけど）。

けれど最も問題なのは、こんな人たちだ。

本当は苦しいのに、自分で自分が苦しいことを理解できない人たち。

苦しいと言葉に出すことができない人たち。

苦しいと人に伝える言葉や、その能力すら喪失した人たち。

苦しさや貧しさを、誤った方法で自己解決してしまっている人たち。

支援の手を差し伸べる人がいても、それを拒否する人たち。

……なんと彼らの多くはたいていの場合、「支援しなければならない人たち」のようには見えないのだ。もう、まるで見えないし、全然可哀想にも見えない。


（鈴木大介『脳は回復する　高次脳機能障害からの脱出』17 - 20頁）


鈴木さんは彼らに取材をしていく中で、彼らに色濃く見える、様々な「障害」の影を、無視できなくなった、と続け、高次脳機能障害になってようやく理解したかった彼らの気持ちが分かるようになったかもしれないということを発見するのです。

図書館でうまく支援関係が作れなかった時にもふとこの話を思い出しますし、自分自身のこととしても読んでいます。私は30代半ばまで、精神障害を抱えながらうまく支援や医療に繋がれませんでした。鈴木さんは彼らが「可哀想に見えない」ことについて、「まず約束ごとを守らないし、自分でした約束を平気で忘れる。

相手の立場になって人の気持ちを考えるという習慣がなく、自分勝手に見える。文句が多い。すぐ人のせいにする。人を信じず裏切る。話は分かりづらく、気が短く、言葉の代わりに暴力をコミュニケーションの手段にしがち。自己管理が苦手で落ち着きがなくて、だらしなく、不潔なケースもある。将来のために今すべきことはまず100％先送りにし、衝動的に今の享楽を優先する」と述べており、これはすぐ嫌になって通院を止め、ドクターショッピングを重ねたり、周囲の人に不安定な態度で接していた自分によく当てはまっていたと感じます。苦しさは感じるけれど支援者を信頼して預けるということが中々出来ず、勝手に回路を閉じたり、距離を置いてしまうことを繰り返していました。またそのことを「自分が相手を信頼できないせいだ」とは認識しておらず、「もっと信頼させてくれない相手が悪い」というぐらいに考えていました。そういう状態から、家人の支えを得て少しずつ変化していき、今は医師や支援者とも安定した関係を築いていき、ようやく「支援しなければならない人」に見えるようにはなってきたんじゃないかと思います。

こういう経緯があるので、困難を抱えていそうな方をうまく支援できないと、過去の自分を助けられなかったような錯覚に陥り、結構長いこと後悔を引きずってしまうところがありました。けれど、そんな気持ちを和らげてくれる一節に出会いました。中井久夫『世に棲む患者』（ちくま学芸文庫）においてです。本書は精神科医の中井久夫が、様々な症例を見つめながら、治療者、患者が同じ社会の中で生きていくことを考えた思考のつれづれで、こちらもまた病、障害とともにあるとはどういうことか深く考えられる一冊です。

おそらく、「この患者は自分がなおそう」と思うのが、一種の医師のヒュブリス（ごうまん）なのであろう。患者は、多くの治療者を遍歴し、そのうちになおってゆくことがしばしばある（滝川一廣の指摘）。人体通過を数多く経て細菌が弱毒化するようなものであろうか。自分こそ彼（彼女）の治療者になろうと頑張ると、患者は拘束感を持ち、自殺への道に足を踏みいれてゆくことがありうる。…治療者もせめて自分で自分を拘束しないで、患者が自分と過ごしている時間も患者の心の旅路の一里塚であるくらいに思っているほうがよい。そう思っていると、自分から離れた患者がどこかだれかのところでなおっているという風の便りをいつか聞くことがある。そういうオープン・エンデッド型の治療でよいと私は思う。

（中井久夫『世に棲む患者』２２１頁）

自分自身も複数の場所、人、本を遍歴して、川に流されて角が取れて丸くなっていく石のように、抱えていた困難や支援との繋がりにくさが少しずつほぐれてきたように感じます。それなので、ルチャ・リブロの活動を通じて誰を支援する時も、ここだけが支援の場で、ここで全てを受け止めるんだと気負わずに、「誰かの心の旅路の一里塚」のつもり、川を流れていく石が、少しぶつかる岩のつもりで司書席に座っていればいいのかもしれない、と思いました。

しかし、後悔したり、また本に救われて何とか前に進んだり、何故そうまでして人に、世界に、働きかけようとするのか、と自分でも思うことがあります。その裏腹さを代弁してくれるようなセリフが、ヤマシタトモコ『違国日記』（祥伝社）11巻に出てきます。このコミックは、両親を事故で亡くした少女・朝が、伯母であり小説家である槙生と一緒に暮らし、成長していく姿を描いたヒューマンドラマで、それぞれの人物の微細な心の動きが何気ない言葉、表情で丁寧に表現されていて、視点を変えて何度でも読み返したくなる物語です。朝の後見人で、人づきあいが不得手な弁護士の塔野が、槙生に電話でこんなことを言います。

「——根本的に共感に欠ける私が他者に関わりたいと望むこと自体　とんでもなく傲慢なのでは　と」
「…ああ　似た恐怖をわたしも感じます」
「でも　『それでも』『それでも』『それでも』『それでも』と　そう思います」
（ヤマシタトモコ『違国日記』11巻、101‐3頁）

この塔野の言葉は、塔野のキャラクターからすれば少し意外な感じがしました。塔野は苦手なことにチャレンジするというよりは、「ああいうやつだ」と受け入れられるまで自分を通す（むしろそういう風にしか振舞えない）タイプに見えるし、そもそも「それでも」他者と関わりたいと思っているんだな、ということに胸が熱くなりました。そしてこの言葉を聞いている槙生も、「それでも」小説を書いて人に働きかけているんだと思いました。

私も「それでも」「それでも」「それでも」「それでも」本を通じて、図書館を通じて、人に、世界に働きかけ続けたい。そのことが自分にとっての「働く」ということであり、その「働く」は「生きる」ということと重なり合う場所にあるものだから。

勤めをしていた頃は「〜しなくちゃ」が口癖で、心がけで色んなことが何とかなると思っている根性論的、精神論的な考え方でした。そんな風だから他の人に対しても、「もっと努力したらいいのに」とか「こうあるべきなのに、そうなっていない」という目線を向けていたと思います。相手が間違えた時、次から間違えないような仕組みを一緒に考えればいいのに、「絶対間違えないという気持ちを持って、業務に当たって」なんていう的外れな言葉をかけてしまっていました。それはもちろん自分に対しても強く作用していて、自分で自分をがんじがらめに縛っていたのかもしれません。

上西充子『呪いの言葉の解きかた』（晶文社）という本があります。現代社会は、私達の思考や行動を水面下で縛ったり誘導したりする「呪いの言葉」で溢れています。そうした厄介な言葉の呪縛から解き放たれるためにはどうしたらいいのか。

本書は「呪い」の構造を丁寧に紐解き、そのヒントを授けてくれる一冊で、読んでいて心が軽く、自由になっていく気がします。

本書に登場する「呪いの言葉」の一例として出てくる言葉に、「若さというのは価値の一つだと思うんです」があります。ドラマ化されて話題になったコミック海野つなみ『逃げるは恥だが役に立つ』（講談社）に登場する土屋百合に対して、五十嵐安奈が言い放った言葉です。

百合は、結婚も出産もせずにキャリアを手にしてきたが、親子ほども歳が離れた風見涼太から恋愛感情を告げられて心が動く。しかし、みずからの年齢を考えてその思いを受け入れないことを伝えていた。その事情を知らない五十嵐安奈が、風見の彼女のポジションをねらって百合に近づき、こう語る。

やっぱり、若さというのは価値の一つだと思うんです

アラフィフの百合に圧力をかける言葉だ。

その言葉に百合は「呪いね」と応じ、こう続ける。

自分で自分に呪いをかけているようなものよ
あなたが価値がないと思っているのは この先 自分が向かって
いく未来よ
（…中略…）
あなたにとっての未来は 誰かの現在であったり 過去だったり
するんだから

百合は五十嵐の呪いの言葉に縛られない。逆に、百合を抑圧しようとする五十嵐に対し、それは「呪い」だと告げる。呪いの言葉で相手を支配しようとする、その構造を可視化させる。そのうえで、「あなたが価値がないと思っているのは この先 自分が向かっていく未来よ」と、問いを相手に返していくのだ。

（上西充子『呪いの言葉の解きかた』22-23頁）

百合はこれを五十嵐に伝えながら、自分自身でかけた呪いについても解いていたのではないでしょうか。歳の差を気にして風見から身を引いてしまったことは、五十嵐の主張の先にあるものなのではないかと考えたのではないでしょうか。

百合の物語から、また違った本が頭をよぎります。森田たま『招かれぬ客』（文潮社）です。こちらは短篇小説集で、女が女であることをありありと表すような作品が並び、女の身として鋭いひと突きをもらったような読後感が残ります。表題作の「招かれぬ客」は美津子と菊子という姉妹の物語です。美津子は父が外に作った娘で、幼少期には母親と暮らしていました。別々に暮らしていた頃から、妹の菊子は美津子に対してわざわざ「新地の三味線ひきの子が、うちの人形さんよごしてしもた」と発言するなど、意地の悪い態度ばかり取ってきました。美津子が母と死に別れ、一緒に暮らすようになっても、美津子が月、菊子が太陽のような関係は続き、美津子は自らについて「招かれぬ客って、そういう言葉、ありまっしゃろ。わたし、自分のことを人生の招かれぬ客やと、いつもそない思てますの」と語ります。それがある日、乳母からの手紙が届いて潮目が変わります。何と菊子も父と母の子どもではなく、母が使用人と通じて出来た子、つまり「招かれぬ客」だったというのです。この後の展開は詳しく描かれませんが、菊子が今まで生まれを盾にして美津子を支配し傷つけ、抑圧してきたことが、全部自分に返ってくることは目に見えています。ある意味でこれは怖い話かもしれません。

「〜しなくちゃ」が口癖で、心がけで色んなことが何とかなると思っていた根性論、精神論寄りの考え方だった私は、これらの物語のように、自らの放った呪いの言葉が全部自分のところに返ってくる、というのを現実に経験することになりました。転職がきっかけで職場にただ居るということすらできなくなりました。呼吸が荒くなり、頭の中で危険を知らせるアラームが鳴り響いて、「こうあるべき社会人像」とは程遠く、その場から逃げ出して、休職に入りました。休職中は「努力が足りない」とか「社会人なら朝通勤しているはずなのに、私はしていない」とか、「絶対失敗しないようにと気合を入れていたはずなのに」とか、人に言ってしまった言葉が総動員で自分のところに返って苛んできて、どこにも逃げ場がない状態でした。何せ、放ったのは自分だから。人を呪わば穴二つ、とはこういうことだったのかと身を以ても痛感したのでした。こういう手痛い経験を経て、他の人のことも自分のことも縛り付けず、むしろ自由を得て伸びが出来るような言葉、呪いが解けて、明るい開けた場所に出られるような言葉やアイディアを日々探しています。吐き出してしまった呪いの言葉をいっぱい身に受けた後で、希望の言葉が湧き出してくるよう、切に願いながら。

3　ケアする読書

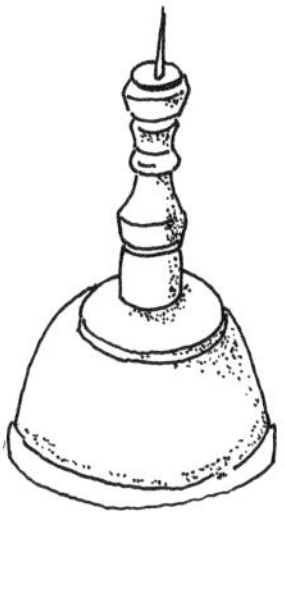

デコボコと富士正晴

いつだったか、知能水準や発達水準を調べる心理検査を受けました。「全体的な能力レベルは平均値だけれど、課題によってばらつきが見られる」との結果が出ました。驚きはそれほどありませんでした。「耳から情報を入れるのが苦手」という話にだけは妙な納得感がありました。電話や人の話を聞くのが下手だという自覚があったからです。私の発達の度合いはところにより、デコボコなようです。

思えば幼い時分から、慣れない場面での状況判断が不得手だったり、多くの人が気づくことを見逃すのに、誰も気にしないようなことにこだわってしまったり。周りから見たら本当に要領が悪く、なんでそう行動するのか、かなり分かりにくい子どもだったのではないかと思います。実際、自分以外の人が超人に思えていました。長じてからも、アルバイト等で他の人と同じ手順で仕事を行わなければいけないとか、言われていないことでも空気を読んでやらなければならない、という状況に苦しんでいました。「子どもじゃないんだから、言われなくても動いて。もっと目配りを」とか「それじゃ出世できないよ」というようなお言葉をいただく場面も。でも、私にはそもそも何故皆同じ手順でそれをやらなければいけないのか、理由がどうしても分かりませんでした。理由が分からないままのことを、そのまま丸ごと呑み込まなければならないのは、私にとっては喉が詰まり、とても苦しいことでした。かと言ってその理由を尋ねてみるほどの勇気もありませんでした。

そんなこんなで、自らの能力のデコボコをグラフで目の当たりにして、色々腑に落ちた気がします。治療を施して改善を図るというより、環境調整や自分なりの工夫で対応したらどうかとのこと。これを聞いた時、何故だか富士正晴の戦地での信条が、降ってきたように浮かびました。徳島出身で、大阪の竹林に宅を構え「竹林の隠者」や「竹林の賢人」と言われた作家・富士正晴は戦中、数年にわたり、大陸で戦線生活を送りました。その際、次のような戦地生活信条を立てていたそうです。

しかし内地で生きて居る時も生きてゆくことに何一つ意義らしいものを見出せなかったわたしが、出発に際して、必ず生きて帰って来てやろうと決心したのは何に対しての反撥であろうか。…そして出発にあたって、僕の抱いた戦地生活信条は次のようであった。

戦時強姦はしない。悲しいにつけ、辛いにつけ、苦しいにつけ、よく食う。嬉しいにつけ（こんなことは万々あるまい）よく食う。

この戦時強姦をしないという決心は1より3までの話の後の私の結論ではあるが、決して倫理ではない。むしろ好みと言ったものだろう。わたしはこの自分の決心と規定をある程度守った。そうして今、一九五〇年の今、日本に生きて、小説を書いているわけだ。

（富士正晴『富士正晴』ちくま日本文学全集、214-215頁）

※この章に至るまでに、富士の身近で戦時強姦を見聞きしたエピソードが登場しています。

後に富士は「この虚無的とも見える視力ばかりがわたしを支えているのだった」と語ります。上意下達が当然であった戦地においてこのような信条を守るのは、さらりと語る富士の言葉をはるかに越えた大変な実践だったのだと思います。私は実際の戦地に居るわけではありませんし、ただの「杉林の凡人」ですが、デコボコな自分を生きる上で、富士の信条にいたく共感したのでした。

人と違う視点を持っていて決して出世はできないのかもしれないけれど、自分なりに描く「人間」でありたかったのではないかと。富士はそのことを上記のように「決して倫理ではない。むしろ好み」と語っています。戦地にあっても、竹林にあっても、変わらず、変えられず居る器というか、素地のようなものが富士には備わっているのではないかと。当人もこんな風に書いています。

こういうわたしの鈍感さ、冷淡さ、身にふりかかって来るまでは気がつかぬ暢気さといったものは、戦後にそれが出ているが、実はわたしの戦中につちかわれていたものに違いないという気がする。

（富士正晴『富士正晴集　戦後文学エッセイ選7』影書房、59頁）

私も出世できなくて大丈夫なので、人を抑えつけることで自分自身の価値を感じたり、乱暴に試し合ったりするような関係性からは少し距離を置き、自分なりに人間であれたらなぁと思います（そもそも出世って、どういう状態なのだろうと、はたと。世には既に生まれ出ているのですが）。また、今度は理由が分からないことを、分からないまま丸呑みしようとせず、富士のように自分なりに立てた信条で動いてみられたらと思います。戦地にあっても、変わらず、変えられず居る素地はこれからたくさん本を読んで鍛えるとして、引き続き杉林に籠りますが。

書くことのケア性について

文章を書く時、思い出す光景があります。

何人かが会議室で会議机を囲んで色々話し込み、ホワイトボードを様々な言葉で埋めていっている光景です。これは私が2018年頃に受けた、認知行動療法的アプローチのグループワーク・SEP（自尊感情回復プログラム）での一コマです。簡単に研修の内容を説明すると、メンバーの誰かの日常の困りごとに対して、その人の心が楽になるお守りのような言葉を皆で提案する、というものです。いくつか候補が出た中から、当人が一つ選んで何度も声に出し定着させていく、というところまでがセットです。例えば「周りの人が皆完璧で、自分だけだめに思えて辛い」という困りごとには、こんな言葉がホワイトボードを埋めました。「完璧じゃなくても別にいい」「皆も実は完璧じゃない」「あなたはだめじゃない」等々。自分が明日を生きるための言葉を、こんなに多彩に色々な角度から提案してもらえる体験ってなかなか無いなぁと感じました。

私もこのワークのお世話になりました。「この先の人生が漠然と不安だ」という悩みに対し、いろんな角度から言葉をかけてもらいました。「今を大事にしたら良い」「頼れる人を見つけよう」「良いシミュレーションをしてみよう」等々、自分では思いもつかなかったような言葉にたくさん出会うことができ、今も心丈夫な経験として思い起こしています。また、メンバーの抱えている背景が似ていたので、他の方の困りごともすごく自分の参考になりました。

今、文章を書いていると、頭の中で、あの会議室でのワークを一人で行っている気分になります。「このモヤモヤに対して、自分が楽になる言葉は何だろう？」と何人かの自分が言葉を提案して、ホワイトボードが埋まってくる。ホワイトボードを眺めながら話をする中で、段々に言葉が絞られてくる。そして私はその言葉が何故私のお守りになるのかの説明とセットで言葉を提示したいので、一言のはずがこんなに長い文章になってしまうのです。

グループワークが終了した時、講師の方から「生きている限りまたしんどくなるから、このワークはずっと続けて、自分をケアしていった方が良い」と言ってもらいました。そして文章を書くことが私が参加したグループワークの、自分なりの続け方なのです。

　また、突然ですが、メキシコ人の友人のリクエストで昨年はじめて小説を書きました（スペイン語に訳され、バイリンガル小説となりました）。小説を書く時は、脳内グループワークとは違った手法を使いました。これも心理療法の話の中で学んだのですが、認知の歪みの根源となってしまったようなエピソードを思い返し、そこに「こんな風に守ってくれる人がいたら良かった」というヒーローのような人を登場させるのだそうです。そうすることでエピソードを再体験し、歪みが変化していくのだと聞きました。私はこの手法を小説で使ってみました。周りに上手く合わせられないかつての私のような子どもを主人公にして、心を通わせてくれる大人を登場させるのです。だいたい実在の方がモデルですが、「私が偏屈で扱いにくかった子ども時代に、こんな人が近くにいたらよかったな」と思えるような方ばかりなのです。なのでこの方々には、お話の中だけでもヒーロー役を担ってもらいました。

　小説のリクエストはこれからもありそうなので、自分が辛かった状況を思い出しながら、それを爽快に救ってくれるヒーローを考え続けてみようと思います。ちなみにはじめて書いたお話は、子どもが学校で吐いてしまって飛び出してきたのを、たまたま出会った顔見知りの大工さんが保護して学校には連絡を入れ、何も聞かずに家まで送ってくれるというものでした。起こったこととしては大変地味ですが、スペイン語に訳されたこの小説を読んで、メキシコの方が心を動かしてくれたそうなので、これからもやはり子どもとそれを助ける誰かの物語を生み出したいと思います。小さかったいつかの誰かを救うヒーローであれば良いのですが。

こんな風にしてみると、読むこともケアですが、書くこともケアなんだということが浮かび上がってきます。私は今日もあのグループワークのように、自分が生きる言葉を自分総動員で探しています。そしてそれが誰かの生きる言葉にもなるのなら、こんなに嬉しいことはありません。

「分からない」という希望

とある企画の運営会議に出かけて、意見を交わし合う機会がありました。その議論の中では「私は○○を知らないから分からない」とか、「そういう考え方は分からない」といった発言がちらほら。その「分からない」という言葉は、コミュニケーションを断つために出てきたように思えてなりませんでした。少なくともその場で「分からない」と発言した方は「分からないから知りたい、もっと詳しく聞いてみたい」という感じではなく、「分からなくて、何なら不安になるから、この話は終わりにしよう」という方に近かったと思います。また、面白かった本のレビューをのぞいてみると、文化的背景、歴史、個々の感情の動き、設定、展開などあらゆる事柄に対して「分からない」というコメントがたくさん。そしてその「分からない」には、拒否や否定の意味が込められているように見受けられます。

こうした「分からない」を前に、虚をつかれ、戸惑っている自分を感じます。自分にとっての「分からない」と少し違っている気がするのかもしれません。ではどういうところが違っているのでしょうか。まず、「分からない」を否定的な意味やコミュニケーションを断つような文脈で使うというのは、すぐ理解できる、処理できる事物に囲まれた世界を前提にしているように思います。そうした前提の中ではすぐ理解できない、処理できない事柄はエラーであり、ストレスを与えるものなのかもしれません。

ただ、視野を広く取って辺りを見回してみると、そこには「分からない」ことが数多横たわる世界が広がっています。例えば図書館に行って書架を見渡すだけでも、自分が考えてみたこともない問題意識や前提、歴史的背景や宗教的背景の存在に触れることができます。それらに初めて出会い、すぐには理解できないし、たくさんあり過ぎて全部を網羅できないのは当然のことです。「分からない」とは、これから世界を知っていく、あるいは未知を未知として留保していく段階の入口に立ったことを表現したに過ぎないと思えます。そう考えると、「分からない」は終わりの言葉ではなく、始まりの言葉なのではないのでしょうか。

私にとって「分からない」こと、未知が未知のまま残っていることは入口であり、希望にすらなり得ます。『見捨てられる〈いのち〉を考える　京都ＡＬＳ嘱託殺人と人工呼吸器トリアージから』（晶文社）という本があります。２０２０年７月に、２名の医師がＡＬＳ（筋萎縮性側索硬化症）の女性に薬物を投与し、中毒死に至らしめました。同じ頃、コロナ禍における医療逼迫の中、人工呼吸器をどの患者に優先的に使うべきかの議論が紛糾しました。医療がひとの生命を縮めうるという事実に、社会は直面せざるを得なくなりました。研究者、当事者、支援者など、死生学や宗教学、生命倫理に携わってきた著者達が緊急セミナーで結集し、その模様を収録したのが本書です。

この本の中で、著者の一人の安藤泰至さんは、より進行した病状や重い障害を持ちながらでも、生きる意味を感じている人の存在を指摘しています。安楽死賛成派の人達は、その人の価値観や精神的な強さからそういう風に考えられるのだと言うのですが、安藤さんはこれを以下のように否定しています。

その人は「（精神的に）強いから」「そういう価値観、死生観をもった人だから」

だと言うのですが、それは間違いです。実際にそういう境地に至るには、長い時間がかかります。そこで重要なのは、とりあえず先延ばしにする（生きるか死ぬかを迫らない）、生きるか死ぬかを決定しないということです。いのちは人間が作ったものではないですから、その後でどんな人に会うか、自分がどう変わるかもわからないわけです。

（安藤泰至ほか『見捨てられる〈いのち〉を考える　京都ALS嘱託殺人と人工呼吸器トリアージから』35頁）

どんな人に会うか、自分がどう変わるかは未知のことで、この未知を未知のまま留保することが、苦しみの中にある人の今日を助けるのだと、読んでいてはっとしました。私自身、精神障害で倒れて退職した頃は息をすることも辛く感じられ、生きるか死ぬかを自らに迫りそうになったことがありました。ですが大怪我の後には「分からない」ことに身を委ね、今ここの自分で決めようとしないことで、一日一日を生き延びてきたんだと思いました。そういう意味で、私にとって「分からない」ことが希望になっていたのです。ですから、「分からない」という言葉でコミュニケーションを断とうとする人を見ると気がかりに感じてしまいます。「分からない」ことを不快として遠ざけ、今ここの自分で分かることだけに囲まれていると、そこに隠された希望に気づかず、いつか行き詰まってしまうのではないかと思うのです。いきなり人生の困難にぶつかって、未知を未知として留保することを実践できるとは思いません。そこで、図書館です。古今東西、今昔の本が並んだ書架を眺め歩くだけで、きっと「分からない」ことへの回路が繋がってくる。「分からない」ことをたくさん見つけて見つめる内、それが入口であり、希望にもなり得ることに気がつき始める。図書館を訪れ背表紙を眺めたり、本を開いてみたりすることは、「分からない」ことと付き合うための練習になります。どんな本にどんな著者に、どんな人生のテーマに出会い、あなたがどんな風に変化するかというのは、最大の未知な訳です。その内に「分からない」ことにぽーんと身を委ねても平気、むしろキラキラした水面に飛び込むようだ、と感じるようになってくるかもしれません。その煌めきこそが、希望です。

生きるためのファンタジーの会

福祉社会学者の竹端寛さん、現代書館の向山夏奈さん、当館キュレーターの青木真兵とともに、ファンタジー文学を読む読書会「生きるためのファンタジーの会」を始めました。少し前に竹端さんが私に「僕は普段ノンフィクションとか研究書ばかり読んでいると、根詰まりしてきて、息苦しくなることがあります。でも、ドラマとか映画って、次の展開がわかって主人公が恥ずかしい思いをしそうになると、自分が恥ずかしくなって『もう見てられない』ので、最後まで見れないのです。小説でも、そんな場面にさしかかるとドキドキして、バタンと閉じてしまって、読めなくなってしまいます。でも、『ゲド戦記』をこないだ読んだら、最後まで読めました。村上春樹の作品は例外的にほとんど読めます。こんな僕に、お勧めの一冊ってありませんか?」と相談してくれたことが事の発端でした。この時私の中では、以前同様のご相談を受けたことがあるけれど、おすすめに失敗してしまったことや、本の好みが難しそうに見えた方が意外にもファンタジーをとても気に入っていたことなどが思い起こされ、「竹端さんはアナザーワールドを必要としておられるのかもしれない。ファンタジー文学をおすすめしてみよう」という結論を導き出したのでした。

そうして最初におすすめしたのは、確かO・R・メリングの『夏の王』（講談社）。事故で妹を亡くした少女・ローレルは、妹の最期の地であり祖父母の暮らすアイルランドを訪れます。そして妹に代わり、「夏至祭」前夜、最初のかがり火をともす「夏の王」を探すため、現実世界と妖精の世界を架橋する冒険に身を投じていくというケルトファンタジーです。幸いなことに『夏の王』を竹端さんが楽しんでくださり、「これは読んだから、次は何？」という感じでファンタジー文学を次々におすすめするようになりました。ロザリー・K・フライ『フィオナの海』（集英社）に、伊藤遊『鬼の橋』（福音館書店）、オトフリート・プロイスラー『クラバート』（偕成社）、フィリパ・ピアス『トムは真夜中の庭で』（岩波少年文庫）に、斉藤倫『新月の子どもたち』（ブロンズ新社）、アイリーン・ダンロップ『まぼろしのすむ館』（福武書店）。それはさながら旅のようでもありました。

竹端さんはファンタジーの主人公が繰り広げる物語のことをご自身のsurume blog「ファンタジーとcaring with」の中で「自分でコントロールできない状況を少しずつ把握し、パッチワークのように手がかりを集めながら、やがて地図の断片から少しずつ核心へと迫っていく。それは一人では出来ないので、仲間が必要だ」と読み解いていています。

「生きるためのファンタジーの会」事始めの時、竹端さんはご自身を「ファンタジーなき男」と表現されていました（私はこの表現、とても心に残っています）。そしてその後に書かれたblog「ファンタジーとcaring with」の中で、なぜ小中学生の頃にファンタジーと出会わず「ファンタジーなき男」になったのかを見つめておられました。子どものご自身を取り巻く環境に息苦しさを覚え、子どもの自分が嫌で、一刻も早く大人になりたいと背伸びして大人の雑誌や大人の小説を手に取っていたと。けれど大人になって社会を渡り、お子さんに恵まれた時、早く大人になろうとして置いてきてしまった通過儀礼、成熟課題に向き合わざるを得なくなった。だから今、この時に思春期の成熟過程がテーマとなったファンタジーに出会い直し、心惹かれるのだろうと。

「出会い直し」という意味では、私も竹端さんのおかげでファンタジーに再会できたのだと思っています。小中学生の頃に読んだきりでうろ覚えな物語も多く、おすすめするために読み返すなどして、錆びていた蝶番に油をさして窓を開け、久しぶりに景色を見るような感覚です。私にはこの窓から景色を見て花の匂いを吸い込み、光を浴びることで生き延びていた頃がありました。ですがこれはごく個人的かつひどく風変わりな方法だと思っていたので、どこか後ろめたさのような気分もあり、窓のことを人に話したり、その景色を誰かと共有したりすることをしてきませんでした。以前竹端さんと同様のご相談を受けたことがあるけれど、その時ファンタジー文学が頭に浮かばなかったことが、私の共有できない、オープンになりきれないところを物語っているように感じます。竹端さんへの本のおすすめから始まって、「生きるためのファンタジーの会」で一緒にファンタジー文学を読むようになり、思春期の頃一人きりで夢中になっていた窓の向こうの景色に、改めて向き合うことができたような気がします。それも今度は、あの頃より幾分力が抜けて、真っ直ぐに。

無我夢中、五里霧中の時期に手を伸ばしてそこに物語がある、という出会い方も一つですが、大人になって成熟過程に出会い直すには、歩んできた（走ってきた）道を振り返り、置き去りにしたものを見つけてそこまで戻らないとなりません。それはとても勇気のいる道程だと思います。そしてこの出会い直しの旅には、「自分でコントロールできない状況を少しずつ把握し、パッチワークのように手がかりを集めながら、やがて地図の断片から少しずつ核心へと迫っていく」ファンタジーの主人公と同じように、行きつ戻りつのクネクネ道を一緒に歩き、時には一緒に頭を抱えてくれる仲間が必要だったのではないでしょうか。私の考える「生きるためのファンタジーの会」とは、つまりこういう仲間のことです。これからまたどんなガラガラ、ゴロゴロの道を一緒に歩けるのか、とても楽しみにしているのです。

木炭で歯をみがくことと、オムライスラヂオ

２０１４年2月から、「オムライスラヂオ」というインターネットラジオを週に一回、配信し続けています。といっても友人達とラヂオを始めたのも、配信を続けているのも当館キュレーターで家人の青木の方ですが。私はオムライスラヂオが始まった当初は側で収録を聴いていて、現在は家人の話し相手をしたり、リスナーさんから届いたお便りを読む係をしたりしながら関わっています。人文系私設図書館ルチャ・リブロは、このオムライスラヂオという仮想の空間を具現化した場所であり、私達を基礎づけているのはやはりオムライスラヂオだな、と感じることがよくあります。

そもそもなぜインターネットラジオを立ち上げようと思ったかというと、きっかけは3・11でした。東日本大震災により福島県双葉郡大熊町、双葉町に位置する福島第一原発が、炉心溶融や建屋爆発などの事故を起こしました。近隣、遠方

で放射能の影響が懸念されるものの、事故の実相はなかなか摑めず、閉塞感と、行政の情報提供や報道のあり方への疑問や懸念を感じて過ごしました。人の健康や生命、安全が最優先されていないのではないかと感じることが多く、心臓に冷たい刃が差し込まれたようだったことをよく覚えています。小さくても自由に発言できて、編集でカットされてしまわないメディアを持たなくてはいけない。そんな思いがあり、3・11から3年後に立ち上げたのがオムライスラヂオでした。

こんな風に紹介すると、社会や政策など大きな話題を基点にしたラジオ番組を想像されるかもしれないのですが、そういう訳でもありません。話している内容は、日常の小さな出来事や違和感について考えるところから始めることが多く、一気に高く跳んで社会や行政といった大きなものにタッチする、ということはあまりしません。何を食べたとか、どこに行ったとか、他愛もないことを始点に話しますし、必ず大きな主語に繋げるという意識でいる訳でもないので、日常的な話題で終わることもよくあります。特に家人と私で話す定例の「山村夫婦放談」は、そういう傾向が強いような気がします。こういうような配信を、週一回欠かさず行っています。

当館の常連さんからいただいた本で、武藤洋二『天職の運命　スターリンの夜を生きた芸術家たち』（みすず書房）という本があります。スターリン政権下のソヴェトで、農業集団化によるウクライナの飢餓、赤軍粛清や無実の罪での逮捕と処刑、強制収容所、少数民族の迫害等が吹き荒れ、個々人の尊厳、倫理や人間性が脅かされる中、芸術家をはじめとする人々はどう生きたのかという命題に迫る一冊です。この中で、１９４１年当時のレニングラードの状況が語られます。同年６月、不可侵条約を信じていたソヴェトを襲撃したドイツ軍は、食糧倉庫を破壊した上でレニングラードを封鎖状態に追い込みます。このような状況下で人からパンを奪う者や、犬や猫に手をつける者もあったと言います。「人間研究にとっては、犬や猫まで食べたという事実よりも、食べる人間と食べるのを拒否する人間とに分かれたことが、重要である。……文化的に、伝統的に禁断となっている食物をとらないこと、食生活のなかで平常から異常へ落ちることを自分に許さないことも、生きるための有効な方法であった」（同書、３１５頁）と著者の武藤さんは綴ります。ある母親はレニングラードの封鎖期間に亘って、自分の子ども達に歯をみがかせたのだそうです。封鎖中で歯ブラシや歯みがき粉がない中、木炭で歯をみがいたと言います。そして、この家庭では飼い猫に手をつけなかったと。武藤さんはこの点を「歯をみがくことと飼い猫を食べないこととは共通性をもつ。平常さを、たとえ部分的であれ、維持することは、自分達に強制されている異常な生存条件のなかで、生活の芯になる」（同書、316頁）と指摘します。

これを読んだ時、オムライスラヂオ配信は私達にとって「歯をみがくこと」なのかもしれないと思い至りました。3・11で目を背けられないほどの裂け目を見せた社会のほころびは、今なお広がり続けているように感じます。人の健康や生命、安全や尊厳より他のものが優先されるようなメッセージが社会に溢れています。そうした「自分たちに強制されている異常な生存条件のなかで」、部分的であれ平常さを保とうとして行っている行為なのかもしれません。

同じく社会に大きな影響を与えたコロナ禍が始まった頃、何をするにも「こんな時だからこそ」という枕詞がくっついた時期がありました。これは「本を読む」という行動にもくっついていました。「ラジオを配信する／聴く」という行動にも、くっつけた例もあったでしょう。「こんな時だからこそ」は「本来、そんなことをしている場合ではない非常時だけれど」という前提を帯びていると思います。けれど私はこの前提に頷くことができません。部分的にでも、木炭で代用してでも平常さを保ち、生活の芯を確保することが、心身ともに死なずに非常時を生き延びることに繋がると信じるからです。いつも、「こんな時」も、歯をみがき、本を読み、ラジオを配信する。そんな輪の中に、私はオムライスラヂオを見出しています。

私の影とのたたかい

『山學ノオト3（二〇二二）』（H.A.B）に「声がなんだ」というエッセイを著しました。2022年に私自身が精神科に入院した経験から来たものでした。入院中、自分を罵倒する幻聴が聞こえることで、怒声を発してしまう方や、頭痛に苦しんで声を出す方を目にしました。入院前に何人かの医療従事者から「閉鎖病棟には声を出す人がいるからびっくりするかも」と声をかけられたけれど、「声を出す人」の背景を知った私は、この言葉に強い抵抗感を覚えた、ということを書きました。これを読んだ人から「立場が違う人に共振できるんですね」とか「優しいですね」と声をかけていただき、そんな風に言ってもらって嬉しい反面、何か自分自身の実態とその言葉がはぐれてしまっているような感覚を抱いていました。

先述の「声がなんだ」に話を戻すと、私は「声を出す人」以外にも、ニュースを見ていると、例えば事件事故の当事者になってしまった人や、外国人労働者として日本にやって来て不遇にある人、マイノリティとして社会の中で苦しい立場にいる人にも共振します。でもそれは「立場が違う人に寄り添って、自分とは異なる心境を想像して共振している」という実感ではないように思います。私には幻聴は聞こえないし、今のところ事件事故を起こしたり巻き込まれたりしてはいないし、日本においては外国人労働者ではないし、いつでもマイノリティの立場にいるという訳でもありません。でも、彼らは私だと感じます。

このことを考える時、浮かんでくる本があります。一冊は、アメリカの作家・ル＝グウィンによるファンタジー作品『ゲド戦記1　影との戦い』（岩波書店）です。この物語の舞台は、物事の真の名が魔法として力を持つアースシー。このアースシーで、主人公の少年・ゲドは魔法の才能を見出され、魔法の学院に入ります。魔法を学ぶ内、彼は禁を犯してこの世に裂け目を作り、恐ろしい影を解き放ってしまいます。以来ゲドは、影に追われ、脅かされる月日を送るようになります。逃げながら、影を退ける手立てを探るゲドでしたが、ある日、旧知の師・オジオンに再会したことで潮目が変わります。オジオンはゲドをこう諭します。

「…もしも、このまま、先へ先へと逃げて行けば、どこへいっても危険と災いがそなたを待ち受けておるじゃろう。そなたを駆り立てているのはむこうじゃからの。今までは、むこうがそなたの行く道を決めてきた。だが、これからはそなたが決めなくてはならぬ。そなたを追ってきたものを、今度はそなたが追うのじゃ。そなたを追ってきた狩人はそなたが狩らねばならん。」

（ル＝グウィン『ゲド戦記１　影との戦い』、２１４頁）

影を異形の者として自らと切り離し、恐れ逃避してきたゲドに、オジオンは影と向かい合うことを促すのです。

閉鎖病棟で「声を出す人」を向こう側として、声を出さない自分と分け、切り離そうとしていた医療従事者の人達の姿は、影を遠ざけようとしていたゲドのそれと重なるように思いました。「声を出す人」達は、向こう岸に映った影のような存在です。異形の者として自らと分けて切り離し、「向こう側は、こちらとは全然違うね」と言ってみたところで、影は自らの影なのです。影と自分、いつのまにかあちらとこちらが入れ替わっても、何ら不思議はありません。事件事故の当事者になってしまった人や、外国人労働者として日本にやって来て不遇にある人、マイノリティとして社会の中で苦しい立場にいる人に対して、彼らは自分だ、という感覚は、このような認識に根ざしています。今たまたま、そちら側にはいませんが、私は自分を、幻聴を聞くこともある、何かの拍子に事件事故を起こすこともある、どこかの国で働いて不遇をかこつこともあるし、マイノリティの側になることもあるのだと思っています。当事者だと感じます。

ですから、自分はこちら側にいるという安心感は全然ありません。寄り添うというより自分自身の問題として、ジリジリ生身が焼かれるような思いで見つめています。最初の頃のゲドのように影から目を逸らして逃げていたら、いつか影に追いつかれてしまうと肌感覚で理解しています。ゲドが途中で気づいたように、ゲドのいるところに影は必ずやってきます。だから向かい合うしかないのです。「声がなんだ」と叫びをあげたのは、影と重なった私で、それは影そのものの声であったかもしれません。影そのものの声だと分かったら、聞いてもらえなくなったり遠まきになったりする人もいるかもしれません。けれどその人の足元にも、日に照らされて濃い影が長く伸びている。その影からはどうか目を逸らさないでほしいのです。「声を出す人」は私の影、あなたの影、社会の影なのです。切り離せないものだし、向こうとこちらはいつ裏返ってもおかしくない。今こちら側だと思っていることだって、すでに揺らいでいるかもしれない。影に向かい合い、追いかけるようになったゲドは、最後に影に追いつきます。その時ゲドは、影に何と声をかけたのか。『ゲド戦記1　影との戦い』を開いて目撃してみてください。

背後の窓が開く

誰かに差し出してもらった本を読み始める時、背後で窓が開くように感じることがあります。自分が目を向けてこなかった場所で、錆び付いて埃を被っていた窓が半ば強制的にこじ開けられ、風が入り、部屋の中が明るくなるような気がするのです。その衝撃は時に、強風や目を刺す光となり、私をよろめかすこともあります。けれど本を差し出してもらったその時から、私はどこか強風が吹けばいい、眩しさに包まれればいい、よろめいて、何なら頭をぶつけたらいいと思っているところがあります。誰かが本を差し出してくれたことで、今まで意識してこなかった問題や、思いもよらない思想等、自分が手を伸ばすだけでは知る由もなかった景色を見ることができる。その景色に逐一感動したり、動揺したり、打ちひしがれたりしたいのです。有難いことに、私の周りには本を差し出してくれる人がいます。例えば、長い付き合いの友人です。高校生の頃からの付き合いですが、お互いに「おすすめの本、ある？」と尋ね合うようになったのは、ここ数年のことだと思います。二人とも関心を寄せるテーマがどこか似通っていて、私は彼女がSNSに時折アップする最近読んだ本、観たもののリストをとても楽しみにしています。

少し前には、私が差し出した雨宮処凛ほか『この国の不寛容の果てに　相模原事件と私たちの時代』（大月書店）を読んでくれたようでした。2016年7月26日、神奈川県立の知的障害者福祉施設「津久井やまゆり園」で、元職員の男が「莫大な借金をかかえた日本に、障害者を養う余裕はない」という理由で19人の障害者を殺害する事件が起きました。本書は、ルチャ・リブロでもよく話題にのぼるキーワード「生産性」を始め、「自己責任」「迷惑」や「一人で死ね」等の言葉に溢れた社会の中で、今一度立ち止まって考える、立ち向かう対話集で、私の人生においてもとても大切な本だと思っています。彼女はこの本について後に、「揺さぶられて本当に苦しかったけれど、読めて良かった」と話してくれました。彼女の背後の窓が開いたのかもしれません。

友人は私のおすすめ本をすぐに読了してくれるのですが、私の方は申し訳ないことに、友人からのおすすめをすぐには読み始めることができません。というのも彼女が差し出してくれる本が巻き起こす突風は嵐のようで、差し込む光線は視界を真っ白に染めるほど強いのです。大いによろめき、転んで頭を強打するつもりで、怖さ半分、楽しみ半分でドキドキしながら、本を開きます。

彼女がおすすめしてくれた中でも、強く印象に残る二冊があります。一冊は朴《ぱく》沙羅《さら》『家の歴史《チベ》を書く』（ちくま文庫）です。在日コリアン二世の父、日本人の母の下に生まれ育った歴史社会学者の著者が、「家の歴史を書く」と、親族達の生活史をインタビューし始めるところから話が始まります。著者の朴さんの親族達は韓国・済州島の朝天面新村里という地域にルーツを持ち、現在は大阪に住んでいるといいます。彼らの口から語られる生活史は、戦争の記憶、日本による植民地支配、1948年の済州四・三事件と共にあるもので、著者はそれらのオーラルヒストリーを、政治的な正しさとは別のところにある学問的な正しさ、手つきによって紐解いていきます。済州島は1910年の韓国併合により、本土と共に終戦まで大日本帝国の領土になりました。著者が最初に話を聞いた伯父さんは、小学校の教師として児童に朝鮮語を禁止するという職務も行っていました。19

45年、日本が降伏し植民地支配が終わると、人民委員会が台頭する期間もありましたが、左右勢力が米軍との衝突を繰り返し強制解散させられます。その後、島内で一定の勢力を持っていた南朝鮮労働党（南労党）が韓国だけの単独選挙に反対し、このことが後の四・三事件に繋がっていきます。米軍の支援を受けた知事や反共団体による弾圧を受け、1948年4月3日、蜂起した島民に対し、南朝鮮国防警備隊、軍、警察などが弾圧・虐殺を行い、この弾圧は長きにわたるものであったといいます。著者が話を聞いた親戚達の中には、四・三事件で見聞きしたことを語る人もあれば、そのことが抜け落ちているような人もいます。極限状態で人は何を思い、どのように在るのか、そのことを生活史、オーラルヒストリーから見つめる本書は、静かな眼差しながら、私にとって強い突風、目を刺す光線となりました。

もう一冊、友人がすすめてくれたのはクリストファー・R・ブラウニング『増補 普通の人びと ホロコーストと第101警察予備大隊』（ちくま学芸文庫）です。すすめてくれた経緯をしっかりは憶えていないのですが、確かハンナ・アーレントとハンス・ヨナスの交流を描いた戸谷洋志、百木漠『漂泊のアーレント 戦場

のヨナス　ふたりの二〇世紀　ふたつの旅路』（慶應義塾大学出版会）を私が彼女におすすめした流れだったように思います。本書は、ナチス・ドイツ時代に存在した第101警察予備大隊に焦点を合わせます。第101警察予備大隊は、反ユダヤ主義者でもなくナチス台頭以前に教育を受けた一般市民によって構成されていました。木材業者や運転手、教師などをしていた普通の人々が、暴力に慣れ、人の命を奪うことへの感覚を鈍らせ、ポーランドでのユダヤ人大量殺戮、強制移送を実行しました。著者はこれらの経緯を、1960年代に行われた第101警察予備大隊の約125名に対する司法尋問の記録を中心にして紐解いていきます。一般の市民によった「生活史」という面では、本書は一冊目の『家の歴史を書く』とアプローチが共通していると言えるかもしれません。この点を、著者は以下のように述べています。

方法論としては、「日常生活史」は価値中立的である。ナチ体制の下では、その犯罪的政策が日々の生活に逃れがたく浸透してきてしまうのであるが、その浸透の度合いを正視できない場合にのみ、日常生活史は責任回避に、すなわち第三帝国を「正常化する」試みになるのである。とくに東ヨーロッパの征服地に配置されたドイツ人入植者——文字通りあらゆる階層からなる数万の人びと——にとって、体制による大量殺戮政策は、日常生活の表面を波立たせることなどめったにない、逸脱的で例外的な事件などではなかった。第一〇一警察予備大隊の物語が証明するように、大量殺戮と日常生活は一体となっていた。正常な生活それ自体が、きわめて異常なものになっていたのである。

（クリストファー・R・ブラウニング『増補 普通の人びと ホロコーストと第101警察予備大隊』、19頁）

「生活史」という言葉の手触りと、四・三事件の被害や、ポーランドでの大量殺戮への加担といった出来事は遠いところにあるように思っていましたが、この序文を読んで、すとんと腑に落ちた感覚がありました。友人や私は「人が人を分け隔てること」や「人間の尊厳」などのテーマに関心があって、今身近にそうした問題が迫っているわけではなくても、そのことについて考え続けているようなところがありました。以前は我ながら「何故今命や尊厳の危険などはないのに、ハードなことを考えるんだろう」と疑問に思うこともありました。けれどこの一節に触れて、「人が人を分け隔てること」や「尊厳を脅かすこと」、暴力は、ごく当たり前の生活の中、日常として私達に近づいてくるのだと突きつけられました。ポーランドへ行ったドイツ人入植者達も、もしかしたら当時は、以前の私と同じように「今自分は何とか生きられているのだから、それ以上のことを考えなくても」と思っていたかもしれません。異常な状態にもすぐに慣らされてしまうからこそ、本を手に、古びた窓を開いて、日常とはそもそもどんなものだったか、そこに入り込む影の形や匂い、気配はどんなものか、知ろうとしなければならないのだと思い至りました。「生活」という言葉があまりに無意識に用いられ、「異常な日常」が忍び寄るような昨今の社会の中で、背後の窓を開いてくれる友人がいることの心丈夫と来たらありません。もっと光を。もっと風を。

「土着への処方箋」のこと

「土着への処方箋　ルチャ・リブロの司書席から」はコロナ禍に端を発し、誰かのお悩みに3冊の本で答えるという形で現在も一人出版社・夕書房の運営するnoteで連載している企画です。これまでに、「コロナ禍での考え方の違いにモヤモヤする」だったり、「SNSとの距離の取り方が分からない」だったり、色々なお悩みに、本をおずおずと差し出してきました。司書をしていた友人が、「土着への処方箋」について、「通常のレファレンスとは全然違って面白い。通常のレファレンスは明確に答があって、フローチャートのように進むものだけど、それとは全く違う」と声を掛けてくれました。

確かに通常のレファレンスは、答もそこに行き着くための経路も明確であるように思います。国立国会図書館の「レファレンス協同データベース」から例を挙げると、①利根川が「坂東太郎」と呼ばれるが、それらの記述があるか。②「坂東太郎」の他に「次郎」「三郎」と名称がある川はあるか。という質問があった場合、まず「坂東太郎」の記述があるかどうかでＹｅｓかＮｏに進み、Ｙｅｓだった場合は『河川大事典』（日外アソシエーツ）や『日本国語大辞典 第二版』（日本国語大辞典第二版編集委員会）などにある記述を提示して②に進みます。次は「次郎」「三郎」と名称がある川はあるかどうかの質問に対して、ＹｅｓかＮｏに進む、Ｙｅｓだった場合は、『日本国語大辞典』や『広辞苑』（新村出）などに見られる記述をご紹介するという経路が、調査に取り掛かる前からぼんやりとは見えています。散らばっていた疑問がいよいよ主題や分類を特定されて、絞られて行く、問題を狭いところに追い詰めていくような感覚を私は持っています。動物を、広場から狭い袋小路に誘導して捕まえるようなイメージかもしれません（もちろんこちらも、図書館の大切な業務です）。

これに対して「土着への処方箋」は、狭いところに絞って行って問題を追い詰めるというイメージでは取り組んでいません。そもそも問題を追い詰めていくようなレファレンスは、ルチャ・リブロのような規模の（レファレンスブックの所蔵も少ない）私設図書館では難しいという能力的な問題もあり、「土着への処方箋」のようなスタイルに行き着いた面もありますが。「土着への処方箋」に取り組んでいる時の感覚を思う時、ある本の一節が頭をかすめます。宮野真生子、磯野真穂『急に具合が悪くなる』（晶文社）です。本書は乳がんを患った哲学者・宮野真生子さんと、人類学者の磯野真穂さんの往復書簡で構成されています。病気に出会い、向き合い考える場で、お互いに様々な（攻めたコースも大いにある）球を投げ合い、思考が豊かに醸成されていくというような魂のやりとりで、本を開くたびに新しい発見があり、胸が熱くなる一冊です。第一便で磯野さんは、心房細動の治療を受けている山田豊子さんの例を紹介しています。ある日心臓が今までにない速さで脈打つ発作に襲われ、不安を覚えた豊子さんが病院を受診すると、心房細動だと診断されました。発作が慢性化してしまうことを恐れた豊子さんは、楽しみの一つだったお酒やカラオケを控え、遠出や犬の散歩もやめて節制に努めました。その甲斐あってか、しばらく発作は現れませんでした。「治ったに違いない」と喜ぶ豊子さん。けれど再診の受付中に発作が再発し、豊子さんは肩を落としたのでした。宮野さんは豊子さんに共感を示しつつも、「でも、このリスクと可能性をめぐる感覚はやっぱりどこか変なのです」と指摘して、次のように続けます。

おかしさの原因は、リスクの語りによって、人生が細分化されていくところにあります。そのとき患者は、いま自分の目の前にいくつもの分岐ルートが示されているように感じます。それぞれのルートに矢印で行き先が書かれていて、患者達はリスクに基づく良くないルートを避け、「普通に生きてゆける」ルートを選び、慎重に歩こうとします。

けれど、本当は分岐ルートのどれを選ぼうと、示す矢印の先にたどり着くかどうかはわからないのです。なぜなら、それぞれの分岐ルートが一本道であるはずがなく、どの分岐ルートもそこに入ってしまえば、また複数の分岐があるからです。

そしてなにより重要なのは、その分岐ルートは、あらかじめわかっているものではなく、そのつどの選択と進行によって分岐の数や行き先をどんどん変えてゆくということです。

…分岐ルートのいずれかを選ぶとは、一本の道を選ぶことではなく、新しく無数に開かれた可能性の全体に入ってゆくことなのです。可能性とは、ルートが分岐しつつ、その行く先がわかった一本道などではなく、つねに、動的に変化していく全体でしかないのではないでしょうか。

（宮野真生子、磯野真穂『急に具合が悪くなる』29 - 30頁）

「人生が細分化されていく」ようなリスクの語りのイメージは、私が通常のレファレンスに持つ「狭いところに絞って行って問題を追い詰める」と近いように思います。最近お答えした「土着への処方箋」へのお悩みで、「過去に対して後悔、固執してしまう」というものがありましたが、後悔や固執をしてしまう時の過去とは、それぞれのルートに矢印で行き先が書かれその先が一本道となっていて、人生が細分化していくようなイメージの中にあるのではないかと思います。けれど人生における分岐を選ぶことと、本来的には宮野さんが指摘したように「一本の道を選ぶことではなく、新しく無数に開かれた可能性の全体に入ってゆくこと」なのではないでしょうか。生きていく上でのお悩みに携える本というのも、「狭いところに絞って行って問題を追い詰める」方の探し方ではなく、動的に広がり続ける全体に入って行くような選書が必要だと感じたのでした。

私達はルチャ・リブロを「図書館、パブリック・スペース、研究センターなどを内包する、大げさにいえば『人文知の拠点』」と位置付けていて、お悩みに対しても人文学的に問い直す、ということを試みています。そうするためには問題自体を問い直し、はじまりに立ち返るために階層を引き上げる必要があります。このことを私は、「新しく無数に開かれた可能性全体の、広がりが見渡せるところに立つ」ことだと捉えました。「土着への処方箋」はこのように、見晴らしのいい場所に一緒に立って、予期することのできない世界の広がりを感じるような試みと言えるかもしれません。

「本について語り合う夕べ」のこと

ルチャ・リブロで読書会をして、温泉に入り、村内の宿泊施設に移動して、私達も一緒にご飯を食べて寝起きする。最近、東吉野で宿をやっているRebe東吉野さん、AYUR LODGEさんと一緒になって始めた宿泊型読書会の企画「本について語り合う夕べ」の旅程です。運営者である私達とRebe東吉野の狩野良太さん、AYUR LODGEの植田あゆさんもすべての旅程を参加者とともにします。最初の読書会ではお互い初対面なのでぎこちない感じですが、近所の温泉に入り、一緒にご飯を作って食べる頃には心がほどけて、深い話もお互いできるようになっていて、私達も毎回楽しみにしている会です。一緒にカレーを作ったり、蛍を見に川に降りたり、焚き火を囲んだり、安心する時間と空間がそこにはあります。この間の回では自己紹介の時、参加してくれた方それぞれが最近少ししんどくなっていることを話したり、不安なことを話したり、弱さの開示からスタートしていました。私はよくルチャ・リブロの活動の中で「一緒に考える」ということを標榜していますが、この「一緒に考える」は一緒に考えて解決する、というのではなく、「一緒に頭を抱える」「それは困ったねえと頷く」ということなんじゃないかな、とこの自己紹介を聞きながら思ったのでした。

「一緒に頭を抱える」というと、先日「生きるためのファンタジーの会」で読んだ漫画、スケラッコ『盆の国』（リイド社）を思い起こします。進路のことで友達と喧嘩をしてしまった主人公の少女・秋はおしょらいさん（ご先祖様の精霊）が見える不思議な力を持っています。進路のこと、友達のこともあり、「おしょらいさん達が帰ってくるお盆がずっと続けばいいのに」と思う秋。そうすると、なんと秋の暮らす街で、本当に8月15日が繰り返すようになってしまいます。8月15日が繰り返すことに気づいているのは、秋と、突然現れた謎の男・夏夫だけ。このままでは常世と浮世が一緒になってしまう。二人はお盆に閉じ込められた世界を元に戻そうと動き始める、という物語です。読むたびにせつなく、夏の空気をいっぱいに吸い込んだ心地のする一冊です。「生きるためのファンタジーの会」では、夏夫のケア性が話題にのぼりました。夏夫は物語の終盤、お盆を繰り返させる原因となった幽霊と向き合います。過去に子どもを失った幽霊は、子どもを探すうちに忘我となり、ただ漂う寂しい存在となっていました。夏夫は以前にも一度この幽霊と対峙して、彼岸に送ろうとして失敗し、命を落としています。にも拘わらず、今度は解決を急ごうとしないで「あなたのこと教えてくれへん?」と話を聞いて「アンタが悲しんでるの全部わかってあげられるわけやないけど…」と寄り添います。この姿勢がまさに、「一緒に頭を抱える」ことなのではないかと感じ入りました。夏夫のこの言葉から、幽霊は少しずつ自分を取り戻していきます。

「一緒に頭を抱える」ことを思う時、この本も頭に浮かんできます。向谷地生良、辻信一『ゆるゆるスローなべてるの家　ぬけます、おります、なまけます』(大月書店)です。精神障害当事者のための地域活動拠点を作った向谷地さんと、文化人類学者の辻さんが「ゆっくり」を真ん中に語り合い、私達のスピードを緩めてくれる本書に、こんな一節があります。

向　べてるのメンバースタッフの下野勉君は、いつも「この町は危険に満ちている。べてるにいても、ここは〈秋葉原〉だ」なんて言って、被害的な感覚をバリアとしてもちながら過ごしているわけですね。そんな彼が吐きだす、排泄物みたいなものを、周りにいる微生物のような仲間たちがじょうずに分解して、それを有機物にしていくわけです。

辻　仲間は微生物か。いい比喩ですね。するとべてるは豊かな土壌みたいなもんですね。

向　ええ、自分の中の苦労を、みんなの力を借りて分解して有機物にしていくという、人と人とのつながり、それを大事にしているんです。早くにお母さんを病気で亡くし、お父さんが自殺して亡くなるという状況を生きてきた下野君の中にできあがっている〈人を信じない〉という生きづらさから、彼自身が自立しはじめる。そして彼は、自分の苦労を語りはじめて、自分はこれに邪魔されていると言い、「ほんとうはバリアがなければいいな。私は今、こまっています」と言った。

（向谷地生良、辻信一『ゆるゆるスローなべてるの家　ぬけます、おります、なまけます』97頁）

「この町は危険に満ちている」という言葉に対し、否定したり抑え込んだりせず、ただ一緒にいて、吐き出されたものをゆっくりゆっくり時間をかけて分解していく。解決、ではなく分解。これも「一緒に頭を抱える」ことの一形態であるように感じました。分解には時間がかかる。だから一緒に居続ける。「本について語り合う夕べ」も、通常の読書会と比べてみると、はるかに長い時間を同じ本を読んだ者同士が一緒に過ごすわけで、その時間一緒に頭を抱えてみると分解の前段階ぐらいのことは起こるに違いないと思っています。「一緒に考える」は「一緒に頭を抱える」こと。解決はしない。けれどとても豊かなものが醸成されるかもしれない。そんな時間を一緒に過ごせたらと考えています。

4 東吉野村歳時記

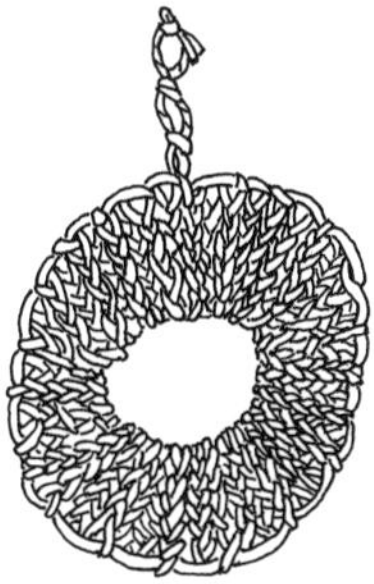

峠をのぼるひと、のぼる道

東吉野村は奈良県の東に位置し、隣県の三重にほど近い山村です。川の水が澄んでいて、静かで美しいところです。奈良県内に住む方からも、「東吉野って奈良ですか？」と尋ねられることもしばしば。私達は2016年よりこの山村で人文系私設図書館ルチャ・リブロを開館し、暮らしてきました。私達が流れ着いたのは東吉野村の鷲家《わしか》という地区で、伊勢街道が通っており、古くは紀州藩の飛び地でした（他の地区は天領だったようです）。伊勢参りを支えたであろう馬達を弔う馬頭観音のお社や、伊勢街道の道標があります。山の暮らしの中でそれまで知らなかった習慣や行事に出会い、文献を開いてみたくなりました。

私は山村に暮らしながら、未だに運転免許というものを持っていません。そんな訳で、村に住んでもうすぐ8年経つ今でも、奈良交通バスや、村のコミュニティバスを駆使しています。村のおばあちゃんは私と同じで免許を持っていない人が多いので、よくバスで一緒になります。バスを乗り継ぎ、一日かけて隣町へ出かけるなんてこともしばしば。もしかしたら私は、移動という側面では、村のおばあちゃんと似通った生活スタイルなのかもしれません。鷲家からだと、平日なら奈良交通バスに乗れば、直通で最寄り（バスで30分だけど、最寄り）の近鉄榛原《はいばら》駅にたどり着けます。しかし土日祝日となると、そうは行きません。というのも、休日は奈良交通バスが、東吉野村に来ないのです。榛原駅からのバスは、お隣の宇陀市のバス停・菟田野《うたの》までで折り返します。

そこで、コミュニティバスです。村のコミュニティバスは、バスといってもワゴン車やタクシーを利用した村内の移動手段です。菟田野から村への足となってくれる他、路線バスが走らない村内の移動にも便利です。このコミュニティバスに乗って、村の入口である佐倉峠を走っている時、運転手さんからこんなお話を聞きました。

「昔はここの峠の道も狭くって、舗装も今みたいなんやないから、バスが通るのも大変やったよ。それから、昔の車ってハンドルが重たいからなぁ。女の人で運転する人は滅多におらんかったわ」

しかしながら、近所に住んでいた友人のお祖母様は、ピンクの女優帽を被り、颯爽とハンドルを握っていたと言います。かっこいい。

これを伺って、運転手さんより恐らく少し歳上の、うちの大家さんに聞いたお話を思い出しました。当館の機関誌『ルッチャ』を開いてみます。この当時はまだ「東吉野村」ではなく、高見村、小川村、四郷《しごう》村の三村で、鷲家は最初高見村、途中から小川村に編入されたそうです。

高校は大宇陀高校なんですけど、家から十五㎞くらい。これは自転車で行かんといけませんね。女性も自転車で通ってる人が多かったですよ。…あの当時、高校の二年くらいまでトラックは全部木炭車だったんです。木炭車っていうのは坂になると遅いんですよ、ガガガって。僕ら高校に通ってた時、トラック見つけたら必ず待ってて、後ろに食らいついてね。危ないって怒られはしましたけどね。

（『ルッチャ』創刊號25頁、人文系私設図書館ルチャ・リブロ、2018）

先日、街に住む人と話していて、近いという意味合いで「車で30分も走れば、お茶しに行けるんですよ」と言ったら「遠い！」とびっくりされましたが、それでも昔の比ではありません。大宇陀高校まで自転車なんて、レースか何かかと思ってしまうぐらいです。そんなことを考えながら山添満昌『東吉野見聞記』（東吉野村教育委員会）という本を紐解くと、村にはじめて自転車が走ったのは、明治末から大正のはじめ頃だったということです。

また同書によると、先のお話に出てきたバスやトラックの前身といえる貨物自動車、乗合自動車が村を走り出したのは、大正期だったようです。やはり佐倉峠を上るのは大変だったようで、著者の山添満昌さんはこんな風に綴っていました。

…しかし力が弱くて、急峻な坂はのぼりきれず、佐倉峠で客は車を降り、あと押しをしたという事は、うそのような本当の話です。

（山添満昌『東吉野見聞記』東吉野村教育委員会、75頁）

山添さんによると、乗合自動車が走っていた大正10年（1921）頃でも、まだ腰弁で一日かけて桜井に出るのが普通だったそうです。そんな状況だったので、峠に近世期から続くお茶屋さんが営業していたとか。村から出発してひだる地蔵さんに至る手前に「日の森茶屋」、峠を上ったところのは「上の茶店」といったのだそう。

私がちょうどこの文章を書いている12月には、佐倉峠にあるひだる地蔵さんがお正月に向けて、南天や松で飾られています。その姿は今も峠を見守ると同時に、腰弁や木炭車、自転車でここを上った人達の姿を、こっそり耳打ちしてくれているようでもあります。

そうそう先日、家人が消防団の集まりで、ひだる地蔵近くにある原っぱの草刈りをして来ました。「この原っぱは何なんでしょうか？」と消防団の方に尋ねたところ、「昔の峠の道はこっちやったんよ」とのこと。その後、50年ほど前に大阪から村に越してきたご夫婦にお話を伺ったら、「古い（峠の）道の方は、クネクネしとった。道がガタガタで車が跳ねそうやったけど、桜が綺麗やったよ」と。佐倉峠は、桜峠だったようです。そんなお話を受けて『東吉野の旧街道』を開くと、やはり新国道の東側にかつての峠を上る道があり、いま現在「自然と心のふれあい運動」と書かれた看板のある辺り、かつて「日の森茶屋」があった「日の森ぐち」に旧道の入口があるとの記述が見られます。また、以下のように言及されます。

この道路、特に、佐倉峠付近の開発は、東吉野の北の玄関口としての役割を果たすための大きな課題であった。また、この開発によって、東吉野が、上市を中心とする吉野経済圏から、宇陀・桜井経済圏に移行するきっかけとなった。

（『東吉野の旧街道』東吉野村教育委員会、144頁）

佐倉峠の開発がなければ、当館を「村の入口付近に位置する」とご紹介することはなかったし、宇陀方面が生活圏となっている現在もなかった訳です。その改修は元々、急勾配で、雨や凍結による崩落が激しい峠の道に悩んだ人々の願いを受けて、明治15年（1882）に端を発しています。そこから明治29年（1896）に起きた「明治の大洪水」の被害を受けて大改修が明治32年（1899）、33年（1900）に行われ、峠の頂上への曲がり道が「大曲り」と呼ばれるようになりました。

その後この大曲りをさらに緩やかにする工事が、昭和6年（1931）に完成したといいます。山添満昌『東吉野見聞記』に再び手を伸ばしてみましょう。

私たちの村に乗合自動車が走り出したのは、大正十年（一九二一）五月です。当時の松山町（宇陀郡大宇陀）から鷲家口（小川）に開通しています。

（同書、76頁）

1921年というと、まだ「大曲り」が緩やかになる以前のことですから、佐倉峠の急勾配を上る際には皆で自動車を押したというのも頷ける話です。それからも災害等による復旧や、改修工事が繰り返し行われたということです。特に昭和34年（1959）の伊勢湾台風では、頂上の切り通し部分が崩落して道路を塞ぎ、人々はしばらく明治初期のように山の頂上部を伝ったのだそうです。このようなエピソードからも、旧道や過去の人々の暮らしを知っておくことの大切さを痛感します。また、ひだる地蔵さんの岸壁部分も、崩落を起こしたのだとか。

先述のご夫婦が、「昔は荷物の配送は、村までは来てくれんで、桜井の駅に留め置きやった。お中元で果物なんか貰うと、取りに行けんで腐ってしまうこともあったから、駅の人に電話して、『食べてしまって』って言うたりしとった」とお話しくださいました。峠の道は村の暮らしをも便利に変え、私達はそのおかげで村に移り住むことができました。けれど駅に留め置いた果物を皆で食べるような不便さに付随したのどかさに、どこか憧憬を覚えるのは私の無いものねだりでしょうか。

この間『東吉野村史　史料編下巻』（東吉野村教育委員会）をパラパラ見ていたら、気になる文書を見つけました。大正6年（1917）、屋根葺き用の杉檜皮確保のため、木津川《こつがわ》労働組合が皮の価格や分配について定めた規約だとのこと。

大正六年二月　杉檜皮関スル規定書

一　当区ノ人家及付属建物ハ少数ノ瓦屋根ヲ除クノ外全部皮屋根ナルヲ以テ、此レガ終繕《(修)》葺替ニ要スル杉檜皮年ヽ不足ヲ感ジツヽアルナリ、…

（『東吉野村史　史料編下巻』３４１頁）

木津川地区で、一部の瓦屋根のお宅をのぞき、ほとんどが皮葺き屋根だから、年々材料が足りなくなってきたということです。「そんなに？」とびっくりしました。というのも現在の木津川地区では、皮葺き屋根のおうちを拝見したことはないからです。

そしてなぜ杉檜皮の記述が気になったかというと、大家さんからいただいた昔の写真を見るにつけ、当館も皮葺き屋根だったからです。はじめてこの写真を見た時は、木の皮葺き屋根の住居というのをはじめて目にしたので、その表情に強く惹きつけられたことを覚えています。トタンを上から被せたようで、今もトタン屋根の下に木の皮がチラッと見える状態です。そこで皮葺き屋根について、機会を見つけてご近所さんに尋ねてみました。

「昔はあったなぁ。この辺（鷲家の集落付近）にもようけあった。下には板張るんよ。それから防水の意味で被せて。トタンみたいな感じやわ。杉の皮でしとったな」

と仰っていました。木津川労働組合の資料には杉檜皮という記述があったし、ご近所さんの見た風景よりさらに遡ってみたくなったので、ちょっと古いレファレンスブックを手に取ってみます。『古事類苑』データベースで「檜皮葺」を引くと、
檜皮　ひはだ　檜木の肌皮といふを略ていふ也、檜皮葺は古への宮殿みなし

かなり、今も禁裏、古き神社などは必用らるゝ也、

（『類聚名物考』宮室二『古事類苑』居處部十五、１０４５頁）

とあります。確かに檜皮葺きというと、神社等の特別な場所に使われる印象です。先述の木津川でも、一般住宅には杉皮が使われていたのではないかと思われます。また、大脇潔「隠岐・出雲甍紀行　杉皮葺きと左桟瓦・石州瓦（隠岐・山陰沿岸の民俗）」によると、

小さな家の屋根は、カヤ葺きか石置き杉皮葺きであったと思われる。隠岐では山野にカヤが多い農村では草葺き屋根、カヤが得られない漁村では石置き杉皮葺きとすることが多かったとされる。幕末から防火に適した瓦葺きが少しずつ普及し始め、……明治末期から大正にかけて普及、昭和にはいってさらに広まった。

（大脇潔「隠岐・出雲甍紀行　杉皮葺きと左桟瓦・石州瓦（隠岐・山陰沿岸の民俗）」民俗文化23号、5頁、２０１１、近畿大学民俗学研究所）

とあります。東吉野村は山村ではありますが、同じような移行を経て今の屋根があるのではないかと類推します。

村の大工さんがうちに来てくれる機会があり、杉皮葺きの屋根についてもう少しお話を伺えました。語り口も大変魅力的な方なので、なるべく聞いたまま書きつけました。

「昔はトタンなかったから、皮でしたたな。トタンかて（上からコールタールを）塗らんでも50年持つ。（トタンにコールタールを）塗る場合もあるけど、塗っても2、3年しか持たん、雪で取れてしまう。皮葺きの場合は、雪を降ろしたりまでは特にせずそのままや。10枚ほど葺く。ほって（＝そして）茅葺きの屋根なんかやと、今やると1000万2000万たこつく（＝高くつく）。こういう家やと、皮の上にトタンしとる。昔は皮葺きやったけど、その皮がよう無くなってきて、葺く人もおれへんやん。ほんでトタンにした。皮取ると、木は（木材としては）使われへん」

大工さん自身、皮で屋根を葺いたことはあったか尋ねてみました。

「今でも皮で葺くことあるで。押さえんのにな、昔は竹割って、それで上から留めた。それやと釘のとこから雨入るやんな、やっぱりな。留めとんねんもん。留めんわけにいけへんしね。ほんで今は、こういう皮がない。一軒（の屋根すべてを）葺くだけのな。まあ、トタンが一番無難やし、皮そのものの需要がない。そら神社みたいに檜のこんな短い皮な、何十枚と重ねていって檜皮葺きしたら、そんなん今はもう何千万とかかる。檜の皮は神社なんかやにと使わへん。ほいて割れるよって使わへん。細う割れてくるよって。杉皮やったらそういうのはない。普通のうちは杉皮で、神社は檜のせばい（＝狭い）皮で、竹釘で留める。そんなんそれはもう贅沢いうか、もう物が無いから」

「こういうとこ（壁）皮で貼るとこ、なんぼでもあんねんで。下にベニヤでもかまへん、貼っといて、皮貼って、竹で押さえて。今貼ってあんのは、天好園って平野の料理屋さん、あっこやったら、壁貼ってあるわ。最近でもどっかで皮使たな。家でも貼ってほしいいうとこもある。維持管理はやっぱり（大変だ）な。苔生えてきたり、取れてきたり。でもな、腐らへんねん。（素材としてはもちろん）ええねんで。面白いねんで」

先の大脇さんの論考でも、皮葺き屋根住宅の解体、移築時の記録に触れており、その様相が浮かび上がってきます。一尺は約30・3センチ、一分はその10分の1です。

なお、愛知県の明治村に移築された呉服座の杉皮葺きは、長さ二尺二寸、幅一尺、厚さ一分五厘、葺き足二寸で、通常、二間分の幅（三・六メートル）を葺ける杉皮を一束として出荷し、一束は十〜十二枚、下から一尺四寸の位置に全体を押さえるために幅三センチほどの割竹を置き、鉄釘で止めるという。

（大脇潔「隠岐・出雲甍紀行　杉皮葺きと左桟瓦・石州瓦（隠岐・山陰沿岸の民俗）」民俗文化23号、9頁、2011、近畿大学民俗学研究所）

大工さんによると皮葺きに使えるよう皮を取った後、残りを木材として使うのは難しいそうです。その話と上記の情報を合わせると、一束揃えるにも多くの手間と木が必要で、現在杉皮葺きを維持したり、再現したりするのはなかなか骨の折れることなのだと理解できました。大脇さんの論考によると、杉皮葺きはカヤ葺きや檜皮葺きに比べるとかなり特殊で、通常の屋根葺き関係の書物で触れられることも少ないのだそうです。そうなると、益々この論考の有り難さが身に染みます。雨や乾燥にさらされると著しく反り上がって、屋根葺き材料としての美しさに欠けるのだという記述もありました。しかしながら白黒の写真にうつる杉皮葺きの屋根並みは、実際に見たことがないのにひどく懐かしく、村の景色に馴染む美しいものとして私の目に飛び込んできたのでした。痛むと反り上がってきてしまう杉皮の様子すら、想像すると鱗を持つ生物のようで、却って親しみが湧きました。

お話を伺っている時にふと大工さんの背後を見ると、トタンの下から苔むした杉皮がズルッと落ちてきている箇所を見つけました。大工さんに見てもらうと、「ああ、あそこ出てるなあ。もう空間ができしもとるんやね」と仰っていました。その様子が、この家が杉皮葺きだった頃からの手紙のように見えて、押し戻すのが忍びないようでした。

とんどと未来

三が日を過ぎて新年ムードも落ち着いた頃、回覧板が回ってきて、今年は1月15日に「とんど」決行とのことでした。「とんど」または「どんど」とは、正月飾りや御札、書き初めを燃やす全国的に見られる行事で、田んぼで行うことが多いようです。

私はベッドタウン育ちでそうした行事とは無縁に過ごしてきたので、とんどという言葉自体、学生時代にはじめて知りました。東吉野村は川と山に挟まれた土地柄、田んぼがありません。河原でとんどをしている風景をよく目にします。『東吉野の年中行事』（東吉野村教育委員会）を手に取ってみると、「どんど」の欄にこのような記述を見つけました。

14日の夕方、神祭りに用いた注連縄、門松、その他お祭り用品を、古くなった祠《ほこら》やお札を併せて持ち寄り、垣内《かいと》（※）単位にどんどに燃やす行事は、現在も東吉野村では広く行なわれている。神祭り用品を他の台所不用品等と同様ゴミとして扱うことは、不浄と考え、杉葉や丸太を集めた神聖などんど火によって処分することを考えたものだろう。

（『東吉野の年中行事』14頁）

うちの垣内では、高齢化や垣内内の世帯数の少なさ等もあり、河原の上の駐車場でドラム缶に竹をあしらって、簡略版のとんどを行います（ドラム缶の中身は、杉葉や丸太、竹を入れて焚いています）。日にちも参加できる世帯の都合に合わせ、毎年変わります。近隣では、クリスマス前から伊勢街道の道標やお地蔵さん等の祠も注連縄や門松、南天などで飾るので、燃やすものが色々あります。当館も鷲家地区の八幡神社の氏子なので、毎年配られる花飾り（お祭りの時に皆で作り、一年間、円状にして玄関等に飾っておくもの）や、御幣を燃やすのに、とんどへ出かけます。この日も川沿いを歩いて、いつもの駐車場まで行くと、近所のお父さんが三人でドラム缶を準備していました。

以前は駐車場の近くに住んでおられるご夫婦もとんどに来ていて、お菓子を配ったりしてくれたのですが、昨年村を出られたのでもういらっしゃいません。火を点けながらお父さん達も、「もう来る家も少ないし、来年から鷲家全体で一個のとんどにしてしまうかー」と話しておられて、少し寂しくなりました。黒くなった笹が一気に舞い上がるのを見ながら、私が昔の話を尋ねたがるので、垣内の方々が以前のとんどの様子を話してくれました。

「前は河原に降りて、もっと大きな竹やら丸太やら組んどったよ。年寄りが河原降りるのしんどなってきた言うのもあってな。昔は午後から焚いとったから、半日ずっと燃やしとったわ。餅焼いたりもしたなあ」「小豆粥炊いたりもしたんよ。小豆入れて、とんどの火で炊いとったなあ。今食べたら、あんまり美味しないやろけど、そん時は美味しかったわ」とご近所のお母さん。このお話を受けて『東吉野の年中行事』を見返すと、こんな様子が書かれていました。

大人へお神酒、スルメを接待し、子ども等へは菓子袋（学用品）を買い求めて渡された。14日の夕刻、その年の恵方を焚き口として、垣内の年行立ち会いで、火入れが行われる。…用意された竹竿の先に餅をさし込んで、まわりから餅焼きをはじめる。…どんど火、又は燃えさしは、帰りに持ち帰り15日の小豆粥の小豆を煮る種火とするのが通例である。

（同書15頁）

その年の恵方から火入れする、という習わしは、うちの垣内の方々は聞いたことがないようでした。火入れではないのですが、隣町の菟田野に実家がある友人が以前、「うちの近所のとんどは、最後その年の恵方に倒してるんやって。ずっと住んでたけど知らんかったわ」と話してくれたことがありました。

「七草も、集めてこい言われて行っとったな。今は集まらんし、スーパーで買うとるけどな」と言ったのは、ご近所のお父さん。昔の当館周辺の写真を見ると、今ほど木々が生い茂っておらず、日当たりも良さそうです。植生も今と昔では大違いのようです。当館の大家さんもお会いした時に、「昔は縁側に日がよく当たったから、母が布団を干していた」とか「山にはもっと色んな木々があって、栗を取りに行ったりした」と語っていました。

七草粥に関しては、『ふるさとの味　東吉野』（東吉野村教育委員会）という郷土食の本を所蔵しているので、後から調べてみました。

一年中で最も青菜の少ない頃、無病息災を願い、春の七草のうちいく種類かを、前々日の五日につんで、七日に粥を作って食べる。（六日はお姫さんが摘むと言ってさけられている。）

（『ふるさとの味　東吉野』9頁）

いわれ自体は他の地域と大体同じだと思いますが、「六日はお姫さんが摘むと言ってさけられている」というのは、はじめて目にするものでした。また、この後に続くレシピを確認すると、七草の内の数種と米に加え、小松菜、白菜、餅、味噌、塩を入れるのだそうで、結構ボリュームがありそうです。

こんな話に花が咲き、とんどの火が燃え尽きる頃には、「来年はまた河原にすっか。木は小さいの組んで」ということになっていました。「河原でするなら、何か食べ物持ってこか」という声も。

村の昔の様子を知るのは、本当に楽しいです。東吉野村の風景は確かに変化していますが、日々生まれ変わる街のそれよりは緩やかで、過去との連続性を見出しやすいのかもしれません。とんどの話に見るように、過去と現在の連続性を実感すると、現在と具体的な未来との繋がりをも意識しやすくなるような気がします。それだから、無くすか今のまま続けるかの選択肢から、「ちょっと形を変えて無理なく、でも楽しく続ける」という微調整のきく来年が見えたのではないでしょうか。来年のとんどが、今からとても楽しみです。

※　垣内：回覧板を回したり、周辺の清掃をする地域自治の最小グループです。鷲家地区には十数個の垣内があり、それぞれの垣内に「河合垣内」というように、名前が付いています。

馬頭観音祭と、往来と

晴れた空が気持ちの良い季節に、私達が所属する河合垣内が執り行う「馬頭観音祭」の案内が届きました。今年は5月9日、母の日に開催とのことです。ルチャ・リブロのある鷲家地区には、伊勢街道が通っており、集落の真ん中にはその道標も立てられています。道標から村役場方面に進み、新河合橋を渡って振返ると、橋の脇、鷲家川沿いに細い路地が通っており、その先に小さな可愛い祠を見つけることができます。これが伊勢参りや、人々の移動を支えたであろう馬達の守り神・馬頭観音の祠です。

祭りと言っても垣内だけで行うぐらいのごく小規模なものです。大まかには、のぼりを立ててお供え（野菜やお菓子、ジュース等）をして、皆でお経を上げるという流れです。以前は近隣のお寺さんに来てもらってお経を上げていましたが、今回はこのお社を普段から維持管理してくださっているご近所さんが代表して般若心経を上げてくださいました。お経を上げてもらう間に、垣内の人達がお焼香とお参りをします。その後はのぼりを片付け、お供えものもカラスに狙われないように回収し、ご近所さんちの玄関先で分配します。一人暮らしの方もおられるので、「人参食べるー？」「いや、めんどくさいなぁ」「レンジでチンしてアレしたら……」というように話しながら分配します。ご近所さんは普段の馬頭観音の維持管理について、「主にお正月の前、お盆、昔はお彼岸辺りにも掃除していた」と話しておられました。地域清掃の時にも本当に丁寧にお掃除される方なので、祠もすごく綺麗になさっています。落葉の季節には祠に葉っぱが積もってしまい大変で、きりがないのだとか。この小さな祠、お祭りについて何か記録が無いかと本を開いてみると、『東吉野の旧街道』（東吉野村教育委員会）に以下のような記述を見つけました。

河井橋南詰かみ手、一七七六番地　河井敏氏宅の川側、岩磐の上に祀られている祠は、馬頭観音である。伊勢街道の宿場町として、旅人の安全とともに、旅や物資輸送に力を尽くした馬をはじめ、動物の霊を祀っている。現在も、毎年五月、河合垣内の人たちが中心となって、ていねいな例祭をとり行っている。

（『東吉野の旧街道』114頁）

この本が編纂された頃には橋の名前が河合橋だったようで、現在の新河合橋は1997年以降にかけ替えられた新しいものなのではないかと思われます。

村の暮らしにどんな風に馬が関わって来たのかということが知りたくなり、さらに本を手に取ります。『東吉野村史　史料編上巻』（東吉野村教育委員会）には、特に近世編に馬にまつわる記録がちらほら見られます。牛馬放生場の設置を巡るトラブルへの嘆願書や、街道の宿駅で、人馬の継ぎ立てを行う伝馬所があった鷲家村の様子、また和歌山藩の人馬継ぎ方の負担が重いため、賃金値上げを願い出る嘆願書が史料として収録されていました。先にも書いた通り、鷲家は紀州藩の飛び地で街道が通っている宿場町だったので、現在も鷲家の中心集落には、本陣跡や旅籠の名残を残した家々が軒を連ねています。『東吉野の旧街道』、『東吉野村郷土史』（東吉野村教育委員会）には、以下のように記録され、馬や人が多く行き交った当時の様子が伺い知れます。

紀州藩では、越部《こしべ》（※）と鷲家に本陣や伝馬所を設けて、藩の旅程の重要拠点とした。宿場町となった鷲家のうちでも、この付近は、中心地となったところである。

（『東吉野の旧街道』7頁）

この街道を最も有名にしたのは、いうまでもなく江戸時代紀州侯の参勤交代である。55万石の威風をなびかせて、堂々まかり通ったのがこの街道である。鷲家には紀州侯の本陣をはじめ「日裏屋」、「油屋」、「上辻屋」などの宿屋が立ち並び小型宿場町のたたずまいを見せ、伊勢参りの旅人や、行商人の往来も加わって大いににぎわったと言われる。

（『東吉野村郷土誌』296頁）

このような賑わいを見せた時代もありましたが、移動手段の変化等とともに旅籠や店屋は少なくなり、馬も姿を消していきます。『東吉野村史　史料編下巻』近代編で鷲家地区と馬についての記録が出てくるのは、明治16年（1883）の「鷲家村村史」の中だけです。牛馬の数が記載されており、牡馬が二頭のみ鷲家にいたようです。

現在ではこの街道を往来するのは馬でなく、自動車へと替わりました。それでも馬頭観音のお社が綺麗に掃き清められ、お祭りがひっそり続いているおかげで、お伊勢参りや参勤交代を支えた馬達の黒い瞳を思い描くことができます。当時の往来の風景をアスファルトの道に重ねてみれば、馬の歩くペースで旅した時間感覚を、ほんの少し取り戻せるような気がしてなりません。

※　越部とは東吉野村の隣の隣、大淀町の大字です。

あとがき

雪がよく降り橋を覆ってしまう冬から、『不完全な司書』を綴り始め、また寒くなり始めた頃にこのあとがきを書いています。元玄関の小部屋に灯油ストーブや鉢植え（寒い部屋に置くと枯れるので）を引っ張り込み、カーテンで入口を仕切って温めながらパソコンに向かっています。仕切りの内外では、本が役目を待ちながら眠っています。

これまでルチャ・リブロの活動を通じて、誰かが困難と向き合うのに携える本をご紹介してきました。大学図書館の頃よりも踏み込んでの支援だったり、そもそも本を見つけてくれとも言われていない場合もあったりしました。そういう伴走をしようと思ったのは、大きな危機を経て自分自身の当事者性と向き合わざるを得なくなったことと、ルチャ・リブロで来館者と話したり、オムライスラヂオを通じてリスナーの方と語り合ったりする日々の中で徐々に変化していったということが根にありました。ですので、ルチャ・リブロの伴走者としての少し変わった取り組みと、私が困難の当事者として自分自身と向き合うことは、この7年ほどいつも両輪で動いていました。ルチャ・リブロの活動として発信するのは伴走者としての側面がメインでしたが、両輪があってこそ成り立っているし、そこが大学図書館時代、司書として取り組んでいた仕事と一番違うところだと考えていました。

今回、『不完全な司書』を書くに当たって、「ケアと読書」や「ケアと図書館」というテーマが、本を形作る要素として挙がっていました。このテーマと向き合うためには、これまではサブ的に扱ってきた私自身の当事者性を、伴走者としての側面と同等に扱わないことには立ち行かないと感じました。そしてこの捉え方を後押ししてくれたのは、打ち合わせの時に晶文社の安藤聡さんが仰った「入院していた時の経験なども、もう少し書いてみませんか」という言葉でした。そのおかげで、不完全な司書の不完全な部分に目を向けられたのではないかと思っています。

伴走者として当事者として、どこに行き着くのかはまだ分かりません。読んできたもの、誰かと交わしてきた言葉によってこれまでのルチャ・リブロが作られたのだとしたら、これから読む本、交わす言葉によって予想もしなかった新たなルチャ・リブロがまた形作られるかもしれない。それがどんなものかまだ分かりません。分からないことを希望にして、また進んでいきます。この本が出来るまでの歩みに伴走してくれた安藤さん、写真を撮ってくださった宗石佳子さん、校正の牟田都子さん、デザインの名久井直子さん、ありがとうございました。ルチャ・リブロを訪れる皆さん、オムライスラヂオを聴いてくれる皆さん、村の皆さん、いつも共に頭を抱えてくれてありがとうございます。そして、ルチャ・リブロを一緒に運営しているかぼす館長、おくら主任、家人の青木真兵に感謝を。

青木海青子

◎**初出一覧**

「本という窓」…『図書館雑誌』２０２３年1月号
「図書館への道」…『群像』２０２２年12月号
「幽霊の側から世界を見る」…『山學ノオト3』
「偶然性と私設図書館」「デコボコと富士正晴」…ＺＩＮＥ『ルッチャ』第三號
「峠をのぼるひと、のぼる道」「屋根からの手紙」「とんどと未来」「馬頭観音と、往来と」…Ｗｅｂメディア「奈良、旅もくらしも」
他はすべて書き下ろしです。

著者について

青木海青子（あおき・みあこ）

人文系私設図書館ルチャ・リブロ司書。1985年、兵庫県生まれ。約6年の大学図書館勤務を経て、夫・真兵とともに奈良県東吉野村にルチャ・リブロを開設。2016年より図書館を営むかたわら、「Aokimiako」の屋号での刺繍等によるアクセサリーや雑貨製作、イラスト制作も行っている。青木真兵との共著に『彼岸の図書館——ぼくたちの「移住」のかたち』（夕書房）、『山學ノオト1〜4』(エイチアンドエスカンパニー)、単著に『本が語ること、語らせること』（夕書房）がある。

不完全《ふかんぜん》な司書《ししょ》

2023年12月15日　初版
2024年 7 月 5 日　3刷

著　者　青木海青子
発行者　株式会社晶文社
東京都千代田区神田神保町 1-11　〒101-0051
電話　03-3518-4940（代表）・4942（編集）
URL　https://www.shobunsha.co.jp
印刷・製本　中央精版印刷株式会社

ISBN978-4-7949-7398-6 Printed in Japan